C罗传奇

张佳玮——著

THE
LEGEND
OF
CRISTIANO
RONALDO

湖南文艺出版社
HUNAN LITERATURE AND ART PUBLISHING HOUSE 博集天卷
CS-BOOKY

C罗传奇

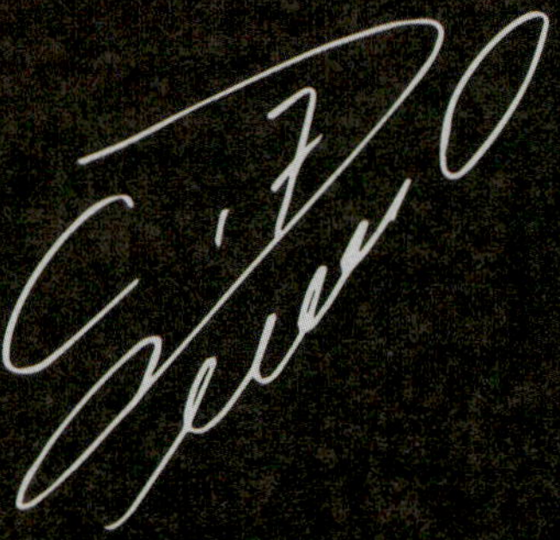

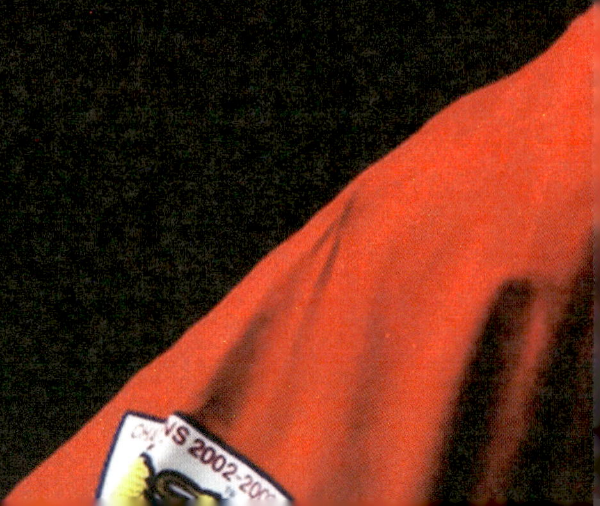

CONTENTS

目录

C 罗传奇

马德拉的
爱哭鬼

克里斯蒂亚诺·罗纳尔多（C罗）是出生在马德拉的葡萄牙足球巨星。

然而，他并不姓罗纳尔多。

就像许多葡萄牙人所说，马德拉不是葡萄牙。

就像许多足球评论家所说，C罗，足球史上进球最多的球员之一，既不是中锋，也不是边锋。

他名扬世界，是当世最有名的球星之一。可他母亲多洛雷斯却说，她本来曾经想过，不要将他带到这个世界上。

这就是C罗，一个充满矛盾，被许多人爱，招许多人厌，但任谁都难以将其忽略的神奇存在。

1985 年 2 月 5 日，克里斯蒂亚诺·罗纳德·多斯桑托斯·阿韦罗诞生在葡萄牙的马德拉岛的丰沙尔。马德拉这个地方极为微妙：名义上它属于欧洲，可你翻地图，却会看到马德拉孤零零地横在非洲西海岸外。它离非洲 310 英里①远，离欧洲却有 620 英里远，离非洲近，离欧洲远，尤其离葡萄牙很远。

2013 年初，我从葡萄牙首都里斯本坐飞机去马德拉，许多里斯本人开玩笑，说马德拉机场极为狭窄凶险："飞行员考试的最后一关，就是在马德拉机场降落！"

这座岛阳光灿烂，到处都是奇花异果。1 月份，游客可以穿着衬衫与拖鞋，慢悠悠地在马德拉首府丰沙尔的烂漫阳光里溜达。在丰沙尔，你可以看见一道斜坡沿山而下，向南直入大海；看见沿海那条悠长的公路；看见山上那些砂糖盒子般的房屋。当地店铺很喜欢提供热石烤牛肉，以及一些甜美的奇怪水果。

马德拉的出租车司机常在动静之间走极端：或是在午后时分拖张椅子，在树荫下慢悠悠地睡觉，连生意都懒得做；或是跳起来载着你，穿梭于山岛悬崖边，表演飞檐走壁、甩尾折返。在车上聊起足球、三五句话间，每个司机都会聊到当地最大牌的名人：克里斯蒂亚诺·罗纳尔多。每个司机都宣称自己从小看着 C 罗长大，随即如数家珍地告诉你，C 罗最初是为安多里尼亚队效力的。没听过？啊，那是马德拉本地的球队！以前，他就在这里，在丰沙尔海堤上跑过步！后来他去了里斯本，加入

①英美制长度单位，1 英里约合 1.61 千米。——编者

了里斯本竞技……从前他的踢法和现在大不一样……C罗是个好孩子……如果媒体说C罗有问题，那肯定不是他的问题！都怪大城市！马德拉多好啊！而大城市真是太复杂啦……反正，C罗是最棒的……他最努力了！

20世纪80年代，马德拉本地的足球队安多里尼亚有过一个管器材的雇员，叫作何塞·迪尼斯·阿韦罗。他的母亲伊莎贝尔出生在西非的佛得角，后来搬到了马德拉。迪尼斯在马德拉认识了坚强的少女玛利亚·多洛雷斯。

多洛雷斯年幼时，其母马蒂尔德因心脏病逝世。多洛雷斯和她的弟弟妹妹们被父亲送去教会孤儿院。在困境中，她想过自杀，但挺过来了。

多洛雷斯与迪尼斯相爱了，但好景不长：军队的征召令来了，迪尼斯当兵入伍，渡海回到他母亲的故乡非洲，辗转作战。后来，迪尼斯回到了马德拉，带回了一身的战争创伤。此后他温和但消极地度日，以酗酒为乐。

多洛雷斯也想过离开马德拉。她曾大胆地去法国闯荡，想去当个用人，但没到半年，她就被迪尼斯劝回了马德拉。据说迪尼斯用一段安贫乐道、半醉半醒的话语表达了这个意思：我们生来注定贫穷，但你回到马德拉，至少可以离你的孩子近一点。

多洛雷斯先为迪尼斯生了一男二女：儿子叫乌戈，女儿叫艾尔玛和卡蒂亚。1984年，多洛雷斯发现自己怀上了第四个孩子，便考虑堕胎：毕竟迪尼斯是个园丁兼球队器材管理员，多洛雷斯是个厨师，养三个孩子已不容易了，何况第四个！

然而当时葡萄牙的法律禁止堕胎，多洛雷斯的医生百般哄诱，让她

C 罗和儿子在故乡马德拉的 C 罗铜像前

C 罗传奇

把孩子生下来。1985年2月5日，孩子出生了。据说医生连恭维带安慰，说这孩子分量很重，将来可以成为一名足球运动员——虽然这个传说听起来很像是后来者给安上的。

总之就这样，迪尼斯和多洛雷斯的孩子——克里斯蒂亚诺·罗纳德·多斯桑托斯·阿韦罗诞生了。

C罗最初的名字叫罗纳德，而非罗纳尔多。据C罗的父母说，起名的缘由是1984年，曾经的著名演员罗纳德·里根成功连任了美国总统。

那时谁都不会知道，这孩子会成为马德拉最著名的人。

在此之前，马德拉最有名的特产是马德拉酒，那是一种加强型葡萄酒。干型马德拉酒可以当开胃酒喝，甜型马德拉酒可以搭配甜品饮用。在法国南部的普罗旺斯，甚至有厨师喜欢用马德拉酒做法式煎蛋。据说马德拉酒的产生，与远洋运输有关：马德拉孤悬海外，又处在亚热带，葡萄酒在海上运久了，便熟化了，风味独特，于是有人格外喜欢。当然，后来的马德拉酒不会再专门出海转一圈来形成风味了，但马德拉酒终究与这座岛息息相关：亚热带，海岛，运输与流浪。

马德拉还有马德拉蛋糕，然而它并非产自马德拉，而是英国人喜欢拿来搭配马德拉酒的一种海绵蛋糕。为什么英国人会和马德拉这座葡萄牙海岛有关？因为马德拉有许多英国人，尤其是那些在英国的凄风苦雨下脸色惨白的英国人，酷爱在冬天跑到马德拉，把风衣一脱，在阳光下把自己晒成一只"大龙虾"。

很多年后，C罗也将和马德拉酒一样：
漂洋过海，名闻天下、风味独具，而且
与英国人搭边。

当然，迪尼斯并不能预知未来。1985年2月，作为父亲，他关心着
另一件事：他找到了曾任安多里尼亚队队长的费尔南多·巴罗斯·索萨，
问他要不要当自己儿子克里斯蒂亚诺的教父。

结果洗礼仪式举行当日，还是出了问题：那天索萨有场比赛要踢，
无法和迪尼斯准时到达洗礼现场。神父当然不满意，尽管最后洗礼仪式
还是举行了，仿佛这就是克里斯蒂亚诺的命运：他的生活总会戏剧性地
与足球挂钩。

后来C罗一家搬到了法尔考村，C罗和他的哥哥姐姐们共处一室。
多洛雷斯竭力工作，节衣缩食，照护全家。时光流逝，C罗与岛上所有
的孩子一样，通过踢球寻找快乐。街头足球与正规足球大不相同，马德拉，
尤其是法尔考村，并不是一个平整的地界：山道崎岖，空间逼仄，这里
的足球踢法凌乱又残酷。风度、潇洒、规矩，全都谈不上。你只能想办
法比别人踢得更强，其他毫无意义。

就这样，C罗跌跌撞撞、咬牙切齿地踢着街头足球。他那安分守己、
酗酒度日的父亲迪尼斯，秉持着"我只想让儿子活得开心"的态度，让
C罗加入了安多里尼亚少年队。9岁那年，C罗便已经和十一二岁的对手
踢球了：他从一开始，就习惯了这样的高难度对抗。

据C罗当时的队友里卡多·桑托斯回忆，C罗加入安多里尼亚少年队

时是1992年，7岁，比球队里的其他人都小一两岁，是个低调的孩子，但是很爱哭。据说C罗拿不到球就哭，队友打他也哭，但他敏捷又灵巧，带球如飞。他热爱赢球，如果赢不了，他也哭。队友都笑他，给他起绰号叫"爱哭鬼"。

然而，所有跟C罗一起踢七人制足球比赛的孩子立刻发现：哭归哭，来到球场上后，C罗是任何人都难以阻止的，从他脚边断球几乎不可能。慢慢地，大家开始仰赖他。在安多里尼亚少年队的某场比赛中，上半场球队3比0领先，之后C罗受伤下场，球队被对手逆转，最后3比4输掉比赛。当然咯，赛后C罗又气得哭了一场。

除了爱哭鬼，他还有个绰号，叫"小蜜蜂"。因为当时C罗个子娇小，反应却迅速且行动灵巧。

"蜜蜂"的嗡嗡声传出了安多里尼亚少年队，传进了马德拉最大的足球俱乐部国民队。1995年，当时已经担任国民队青年教练的费尔南多·巴罗斯·索萨，听人说起自己以前效力的安多里尼亚少年队出了这么个天才少年，就专门去看安多里尼亚少年队的比赛。一看之下，他认出来了："这不是我的教子克里斯蒂亚诺吗？"

索萨去找了多洛雷斯，希望C罗可以加入国民队。C罗去了，那是1995年的事，C罗当时10岁。

当时国民队的教练佩德罗·塔林哈斯回忆说，所有球探和俱乐部工作人员都认定C罗是马德拉最好的天才少年。他个子小巧，但技术出色，双脚均衡，速度极快，善于射门。他不仅喜欢进球，而且追求漂亮的进球。1996年，他11岁，已经能和比他大3岁的男孩抗衡，虽然他还是经常哭。

2006 年世界杯
赛场上的 C 罗

马德拉毕竟孤悬海外，这座岛上从没出过葡萄牙国家队球员，但国民队的人们相信自己的判断，相信C罗与众不同。索萨找了个行内人士——若昂·弗雷塔斯，他和葡萄牙最著名的球队里斯本竞技颇有交情。弗雷塔斯打电话给里斯本竞技的球探奥雷里奥·佩雷拉，说："我们这里有个男孩很好！"

奥雷里奥点了头，于是弗雷塔斯给C罗买了张机票：从丰沙尔到里斯本。

于是1997年的一个周六，12岁的C罗离开了马德拉，飞到了葡萄牙首都里斯本。

或者说，从西非海岸的马德拉岛，去到世界足球的中心——欧洲大陆。

奥雷里奥看了C罗的试训，发现弗雷塔斯所言非虚。后来的试训报告说，C罗天赋无与伦比，技术十分成熟，运动与静止的控球都非同凡响；无论奔袭还是突破，都速度惊人。他精通盘带技巧，左右脚均衡，无所畏惧。3天后，奥雷里奥与弗雷塔斯联系，承认C罗的确很出色。

后来，奥雷里奥回忆起试训时的某一刻——C罗正被一个大他几岁的防守者贴身纠缠，只见他回头信心十足地说了一句："嘿，孩子，冷静点！"——他称呼那个大他几岁的防守者为"孩子"。

在那一瞬间，奥雷里奥决定："我非让球队签下他不可。"

于是在1997年，里斯本竞技签下了克里斯蒂亚诺。按照C罗自己的说法，他正式离开马德拉去里斯本时，全家人都在哭，却戴着墨镜遮掩。据说，母亲多洛雷斯这么念叨：

"孩子，我不想你有朝一日说，是我或者你爸爸导致你没能成为足球运动员。你去为梦想奋斗吧。"

按照 C 罗自己的说法，在 11 岁之前，他还生活在梦幻里，真的相信世上有圣诞老人。到了 12 岁，他离开了海岛家乡，去了葡萄牙首都里斯本，

曼联对阵里斯本竞技，赛场上的 C 罗

去了欧洲大陆，开始面对现实世界——一个没有圣诞老人的世界。

有个动人的故事广为流传。在一场比赛中，C罗与队友阿尔伯特·范特劳各进1球。当他们有机会打进第3球时，队友把单刀机会让给了C罗。"因为克里斯蒂亚诺比我更好。"后来范特劳没成为职业球员，但他有一栋漂亮的房子——那是C罗给他的回报。

到底是多少无名的范特劳，成就了一个马德拉的神话呢？

最后一个细节是：C罗的称谓从何而来？

克里斯蒂亚诺·罗纳德·多斯桑托斯·阿韦罗，这是C罗出生时的名字。多斯·桑托斯是母姓，阿韦罗是父姓。克里斯蒂亚诺与罗纳德，都是C罗的名字。

但葡萄牙语人名的球员，名字写法本就多变。比如葡萄牙足球巨星路易斯·菲利佩·马德拉·卡埃罗·菲戈，一般称为菲戈；鲁伊·曼努埃尔·塞萨尔·科斯塔，一般称为鲁伊·科斯塔；1966年世界杯最佳射手"黑豹"尤西比奥，全名是尤西比奥·达·席尔瓦·费雷拉。

现存的记录证明，在安多里尼亚少年队踢球时期，克里斯蒂亚诺·罗纳德·多斯桑托斯·阿韦罗的名字就已经注册为克里斯蒂亚诺·罗纳尔多·多斯桑托斯·阿韦罗了，那是 1994 年前后的事。

而当时，一名巴西球星正开始名闻世界，那就是罗纳尔多·路易斯·纳扎里奥·德·利马，即"外星人"罗纳尔多。

罗纳尔多，1976 年出生，年少成名，1994 年登陆荷甲埃因霍温，两年后转投西甲巴塞罗那。在巴塞罗那效力的短短一个赛季里，他在 37 场西甲比赛中打进 34 球，各类比赛合计 49 场打进 47 球，均为巴塞罗那的队史纪录。1996 年，他以 20 岁的年纪荣获国际足联一年一度的至高荣誉——世界足球先生。1997 年，他以 21 岁的年纪拿到《法国足球》评选的年度金球奖，早早成为世界之王。

尽管 C 罗名字里最初的"罗纳德"的取名灵感来自罗纳德·里根，但他自己后来名扬天下，成了葡萄牙的超级明星克里斯蒂亚诺·罗纳尔多。因此，为了区别于"外星人"罗纳尔多，我们一般叫他 C 罗。

很巧的是，12 岁的 C 罗去往里斯本的 1997 年，恰好是"外星人"罗纳尔多拿到金球奖，成为当时的世界第一球星的年份。

那时谁也不会想到，世上有另一个同样讲葡萄牙语的罗纳尔多，正在走上足球巨星之路。

里斯本的
倔强少年

02

1997 年 8 月，C 罗离开了马德拉，但马德拉没有离开他，在马德拉街头摸爬滚打、哭泣奋斗磨炼出来的一身足球技术与内心的坚韧不拔始终留在他身上。他知道足球世界弱肉强食，想活下去，就必须变得更强。

但里斯本终究是大城市，不再是他熟悉的马德拉了。很多年后，C 罗的许多亲友都反复陈述，说 C 罗是个好人，真诚坦率，慷慨大方；但在里斯本，许多接触他的人都认为他傲慢不羁，喜欢指手画脚。后来的许多葡萄牙媒体人都认为：那些傲慢做派，是 C 罗缺少安全感时的自我防卫。

毕竟他是个来到首都的海岛少年，没有安全感；他需要用傲慢铸成自己的铠甲。

然而，首都里斯本率先打击海岛少年的并非足球，而是人的口音：C

罗说话带着一口马德拉海岛口音，首都的孩子们嘲笑他，于是他立刻又哭了。他给他母亲打电话，说他想回家，想回到一个说话带着马德拉口音也不会被嘲笑的世界。

按照教父索萨的说法，C罗确实曾短暂地回到过马德拉。当时里斯本竞技觉得C罗郁郁寡欢，C罗自己也思乡心切，所以便回家调整状态。不过，教父强硬地告诫C罗，说他必须回到里斯本竞技继续踢职业足球："你是这个家庭的未来！""你踢球有前途，我深信不疑！""里斯本的教练告诉我，你是一颗钻石！"

于是C罗又回到了里斯本，继续踢球。当大家观察到他在球场上的表现，而不再念叨他的口音时，嘲笑声消失了。

C罗的球踢得太好了，而且他无时无刻不在想变得更好。

C罗当时的队友克里斯托弗·阿尔梅达·德皮拉尔说，在训练结束，所有孩子都回家后，C罗会继续努力训练，起码多待半小时。

"我们都想踢足球，取悦我们的父母。C罗的梦想却更大：他想取悦所有看他踢球的人。"

在C罗眼里，没有什么是不可能的。比如，据说当时欧洲速度最快的球员是法国的天才少年蒂耶里·亨利，于是C罗便拼命练冲刺，试图变得比亨利更快；看到有队友能举起90公斤的重量，他便也试图挑战；其他球员都想逃避训练，他却半夜翻墙爬窗，溜去健身房加练。据说里斯本竞技青年队甚至必须给窗户和门上锁，以防C罗过度加练。偶尔，C罗也会带队友回马德拉玩，游玩项目是一起踢球。

这份对训练的热情，慢慢让队友们认可他，佩服他。一个远离家乡，独自在大城市踢球的少年，到 13 岁时，已经是同龄人中的"老大"了。

14 岁时，C 罗相信自己可以踢职业足球了。

18 岁的 C 罗

当然，C罗并不完美，他时常用傲慢自大的姿态进行自我防卫。他相信自己是天才，他念叨是上帝给了他这样的才华。而当这份傲慢偶尔过头时，周遭之人便会极不愉快。

比如，C罗有过强的控制欲。他不喜欢队友里卡多·夸雷斯马，所以当其他队友给夸雷斯马传球时，他就会不高兴——当然，不至于像小时候那样哭起来，但终究"喜怒形于色"。比如，他在里斯本上学时，曾朝一个老师扔椅子，只因为老师伤害了他的自尊。据说那个老师嘲笑他靠踢足球谋生的梦想，认为他踢不了职业足球。

C罗刚到里斯本时，月薪为50欧元。两年后，他的月薪上涨为250欧元。就在他觉得自己要成为职业球员时，坏消息来了：他被检查出心脏有问题。医生蹙眉说，他可能没法踢足球了。这对C罗而言，不啻五雷轰顶。

好在他遇到了可靠的医生。2000年6月，C罗做了心脏手术，以避免心率过快。

很巧的是，也是在这一年，小C罗2岁的阿根廷少年里昂内尔·梅西，为了治疗生长激素缺乏症，与西班牙的巴塞罗那俱乐部搭上了关系。

2000年，这两个人分别做了改变自己身体健康的关键手术。那时他们当然不知道，这事会如何影响他们此后的职业足球生涯。

做完心脏手术后，C罗恢复得极快：他年轻又上进，拒绝所有不良爱好。听起来有些古怪，C罗的哥哥乌戈吸毒，爸爸迪尼斯酗酒，都有成瘾性人格，但他却健康得过头：只对训练上瘾。

有一些媒体人相信：C罗对训练成瘾，与他的父亲有关。他从小目睹父亲酗酒，深知这种习惯可以多么伤人。他沉迷于训练，沉迷于健康管理与自律，是渴望远离那些幽暗的诱惑，让那些阴暗的噩梦离得越远越好。

2001 年 4 月，C 罗 16 岁了，里斯本竞技给了他第一份职业合同。成为职业球员后，C 罗第一时间将母亲多洛雷斯接到了里斯本，给她安排了住处，让她不要去酒店干活了。是的，16 岁，还没成年，他就开始供养家庭了。作为已经习惯了大城市生活的少年，他反而在照顾从海岛来的母亲。

C 罗对阵梅西

当然，他没那么稳重，他到处吹嘘自己的收入，炫耀自己——相比同龄人——的庞大财富，而且他还有种病态的谨慎。据说有姑娘对他投怀送抱，他却总怀疑："她们都是冲我的钱来的！"

到了16岁，他长高了，但还保留着少年时的灵活盘带。葡萄牙的足球体系中盛产优秀的边路天才，比如当时葡萄牙的第一巨星路易斯·菲戈。2000年夏天，菲戈身披7号球衣，带领葡萄牙国家队打进欧洲最高足球大赛欧洲杯的四强，他自己拿到金球奖，并以6000万欧元的转会费——创当时世界纪录——从西班牙两大豪门之一的巴塞罗那，转会到了另一豪门，也可能是足球界第一豪门的皇家马德里。2001年，菲戈还当选了世界足球先生。

C罗不仅擅长踢边锋，还能在中路进攻。里斯本竞技的佩雷拉教练一时委决不下：他觉得C罗可以是边路突破的"小蜜蜂"，也可以是中路破门的天才。在葡萄牙球队通行的433进攻阵型里，锋线的3个位置——左边锋、右边锋、中锋——C罗都可以胜任。

"慢慢练吧，他还年轻，没必要限制他！"

有一个传说。2001年，西班牙曾经的足球巨星、1960年金球奖得主，曾长期效力于意大利国际米兰俱乐部的路易斯·苏亚雷斯——时年66岁——在葡萄牙看到了C罗踢球。苏亚雷斯回到国际米兰后，对球队老板马西莫·莫拉蒂声称自己看到了一个天才，该立刻签下他。当时里斯本竞技认为C罗值200万欧元，苏亚雷斯说自己乐意掏100万欧元。

当然，最后C罗没去国际米兰，而是去了里斯本竞技的一线队。

C 罗和菲戈

C罗的第一次训练并不顺利，当时的里斯本竞技主帅拉斯洛·博洛尼认为，16岁的C罗技术上磨炼不够，身体上力量不足，战术上搞个人主义，心理上自私、不够专注——听上去简直一无是处。队里不止一人指出：

> **这孩子跑姿真奇怪，怎么重心这么靠后，像个机器人！**

可是这个乍看一无是处的孩子，创造了一个奇迹：一年之内，C罗依次为里斯本竞技的16岁以下、17岁以下、18岁以下梯队，以及B队和一线队效力。一年之内，他适应了从半职业球员到职业球员的生活转变，甚至连跳五级。他试图增加肌肉，以填满颀长的骨架。他疯狂地训练冲刺、举重、射门、盘带、任意球。没人敢相信，他一年前刚做了心脏手术。

也就是在这一年，他认识了比他年长19岁的豪尔赫·门德斯；后者将作为足球经纪人，带他真正进入职业足球世界。

2002年8月3日[①]，成为职业球员后一年零四个月，完成"五级跳"的C罗代表里斯本竞技出场了。那是一场热身赛，对手是西班牙的皇家贝蒂斯。他替补上场，打进了制胜一球，进球方式极具个人风格：一个华丽的脚后跟磕球，晃过门将，然后挑射远门柱得分。

脚后跟磕球在街头足球里极为常见，但并不是传统教练会喜欢的风格。

挑射是一种精巧的射法，可以让面前的对手鞭长莫及，但显然需要精确的控制。

①本书所用的比赛时间均为当地时间。——编者

这就是 C 罗：华丽张扬，极具挑衅意味和表演风格，充满表现欲，会贡献出让对手头疼的进球。

之后，在欧冠资格赛中，C 罗代表里斯本竞技出战，对手正是传说中曾垂青他的国际米兰。再往后，2002 年 9 月 29 日，C 罗在里斯本竞技对布拉加的比赛中迎来自己的葡超首秀。几天后，里斯本竞技对莫雷伦斯，C 罗进了 2 个球，帮助球队 3 比 0 取胜，其中包括一个中场奔袭后的吊射。又是他的风格：迅速又华丽。

然而，当时已经有媒体指出：作为边锋，C 罗的身材未免有些过高了。在足球世界，最好的盘带者或边锋往往并不高挑：巴西的传奇盘带者加林查身高 169 厘米，球王贝利 173 厘米，阿根廷的迭戈·马拉多纳 165 厘米，荷兰巨星约翰·克鲁伊夫 178 厘米，尼日利亚的奥科查 173 厘米，C 罗后来的劲敌梅西 170 厘米，比梅西稍晚的巴西天才内马尔 175 厘米，比 C 罗略大的天才罗纳尔迪尼奥 182 厘米，英国的传奇乔治·贝斯特 175 厘米，意大利的骄傲罗伯托·巴乔 174 厘米，葡萄牙本土的超级明星菲戈 180 厘米，C 罗不喜欢的同届生夸雷斯马 175 厘米……

C 罗呢？到 17 岁时，他的身高已经超过 185 厘米了：这是地道的中锋身高，但他却在边路疯狂加速！

2002—2003 赛季，C 罗为里斯本竞技出战 25 场联赛，进 3 球，送出 5 次助攻；各类比赛合计出战 31 场，进 5 球，送出 6 次助攻。那一年的葡超冠军是波尔图，而波尔图年轻的冠军教练若泽·穆里尼奥——多年以后，他将和C罗有恩怨纠缠——这样描述他初见C罗时的内心想法：

" 他是范巴斯滕的儿子吧？ "

马可·范巴斯滕，荷兰中锋，虽然身高189厘米，却被意大利媒体形容"优雅如天鹅"，可以轻易做出优美的盘带、潇洒的凌空射门与倒钩，并且也喜欢轻盈精确的挑射。

这就是18岁的C罗。他以中锋的身材踢着边路，他的表现比他的进球与助攻数据更华丽，他的样貌让无数行家驻足，他的声誉传播范围远超葡萄牙本土。西班牙豪门巴塞罗那的总裁胡安·拉波尔塔、英格兰豪门利物浦的主帅吉拉德·霍利尔，都对他青睐有加。

而当时最中意C罗的，是英格兰豪门阿森纳的主帅，有"教授"之称的阿尔塞纳·温格教练。

据说，2002年11月，C罗开始为里斯本竞技踢葡萄牙联赛也就两个月时间，温格教练便已经摩拳擦掌，想把C罗招至阿森纳。2003年1月，C罗也确实造访了英格兰，去了阿森纳，参观了训练基地，见到了温格教练，以及他最喜欢的球员之一——当时的世界顶尖前锋、阿森纳的超级明星，法国人蒂耶里·亨利。传说温格教练甚至已经为C罗空出了9号球衣：那是正选前锋的球衣号码。

将满18岁的C罗，可以去到阿森纳，与自己少年时钟爱的亨利搭档？来一段如梦似幻的剧情？

但更富有戏剧性的故事来了……

当时，阿森纳的死敌乃是英超劲旅曼彻斯特联队；曼联的老总，则是足球史上最著名的狠角色亚历克斯·弗格森爵士（人称弗舜爷）。弗爵爷在2002—2003赛季的助理，是葡萄牙人卡洛斯·奎罗斯。弗爵爷后来说，奎罗斯是个聪明且细致的人，他将奎罗斯视为最接近自己继承人的教练。

2003年，奎罗斯想去皇家马德里时，弗爵爷告诉他："你无法拒绝皇马的邀请；你要离开的是个非常出色的俱乐部；你在皇马的执教时间可能无法超过一年，但你可以在曼联待一辈子。"

不过，奎罗斯还是在2003年夏天去了皇家马德里，据说走之前他跟弗爵爷提起过里斯本竞技，提起过C罗。

2003年8月，曼联来到里斯本，在何塞·阿尔瓦拉德球场的落成典礼上与里斯本竞技踢了一场球。当时曼联传奇右后卫加里·内维尔因伤未能参加，代替他出场的是约翰·奥谢。

加里·内维尔的弟弟菲尔·内维尔承认，他看见双方的出场名单时就吃了一惊："里斯本有个球员叫罗纳尔多？那他一准不同寻常，敢起这样的名字！"

当时在足球界，"罗纳尔多"这个名字如雷贯耳：伟大的巴西传奇"外星人"罗纳尔多，1996年世界足球先生，1997年金球奖得主。1998年，罗纳尔多带领巴西队打到世界杯决赛，自己拿到世界杯金球奖，却在决赛中目送巴西队0比3输给东道主法国队，看着法国巨星齐内丁·齐达内登顶世界。之后罗纳尔多受伤病困扰多年，终于在2002年世界杯奋起：

单届世界杯打进 8 球，带领巴西队拿到 2002 年世界杯冠军，自己则拿到 2002 年金球奖。那时，罗纳尔多与齐达内，正是欧洲的王者呢。

菲尔后来承认，他初见 C 罗时，发现那是个骨瘦如柴的孩子，穿着彩色球鞋，戴着牙套，头发里有染成金色的辫子。曼联后卫里奥·费迪南德则记得 C 罗颀长高挑，发型很滑稽。

然而比赛一开始，曼联的明星们震惊了。

吉格斯、C 罗、菲尔·内维尔在休息室庆祝胜利

C 罗传奇

那场比赛，C罗踢左边锋，面对约翰·奥谢。曼联的伟大左边锋瑞安·吉格斯说，忽然间，C罗就使出无数花式，不停地突破奥谢。里斯本球迷疯狂了：18岁的葡萄牙少年！挑战曼联的明星！还一次又一次得手！与此同时，球场包厢里的曼联管理层人士交头接耳，满眼疑问：

"这小子是谁？！"

C罗试图突破奥谢，面对曼联的守门员法比安·巴特斯：5年前，巴特斯跟随法国队拿下过世界杯冠军。面对这样老辣的对手，C罗选择了一脚挑射。如果得手，那就是他戏耍了曾登顶过世界的老将。

但球被巴特斯扑出去了。

不过，之后C罗助攻了队友菲利佩进球，奥谢又一次成了他的陪衬。

奥谢后来拒绝承认自己的痛苦，但曼联队友纷纷回忆，在那场比赛中场休息时，奥谢在更衣室里气急败坏："这该死的小子是谁？"不止一个队友打趣说，奥谢看上去被C罗折磨得要晕过去了，需要吸氧，需要找队医。弗爵爷的说法是："奥谢防C罗都防得偏头痛了！"

比赛最后以里斯本竞技3比1取胜结束，但这不重要了。赛后，曼联中场保罗·斯科尔斯、尼基·巴特和后卫费迪南德都表示：一定要签下C罗。队长罗伊·基恩也认同这一点，并去催了弗爵爷："马上签他！"

据说曼联诸将心甘情愿地在大巴里等待弗爵爷去操作，而弗爵爷则直接跑去找了随行的曼联 CEO 彼得·凯尼恩，说了一句极体现他老人家风格的狠话：

"签下 C 罗之前，我们是不会回去的！"

后来弗爵爷描述说，C 罗是他见过的"最让人激动的年轻人之一"。

这里必须补充一下：

2003 年 8 月的弗爵爷以及他的曼联，刚失去俱乐部最有名，也可能是当时全世界最有名的球星大卫·贝克汉姆，阿根廷明星胡安·贝隆也离俱乐部而去，两年后将得到金球奖的巴西精灵"小罗"罗纳尔迪尼奥也与俱乐部擦肩而过。

小罗 1980 年生在巴西阿雷格里港，从 8 岁开始展现足球天赋，也就是在这一年，小罗的父亲若奥溺亡于泳池。不难想象，骤然失去父亲之后，足球对 8 岁的小罗而言成了唯一的寄托。他踢五人制足球和沙滩足球，后来才接触正规足球。所以他在正式踢球时，已经练会了一身华丽花哨的技艺。他性格开朗，喜欢微笑。13 岁那年，在与一支当地球队比赛时，他带队打出 23 比 0 的比分——所有 23 个进球都是他一个人搞定的。

1999 年，他代表巴西格雷米奥队对阵巴西国际队。面对 1994 年世界冠军巴西队长、巴西的国家英雄邓加，小罗先穿裆射门，接着使出华丽的招式"牛尾巴"——快速拉球变向——晃过邓加，再用挑球过人耍弄

C罗传奇

赛场上的贝克汉姆

邓加。对巴西人而言，这是他们的风格。

2001 年，小罗签约法甲球队巴黎圣日耳曼。2002 年夏天，小罗与里瓦尔多、罗纳尔多构成巴西国家队攻击线，人称"三R"。在韩日世界杯上，巴西队七战七胜，拿下世界冠军。罗纳尔多进 8 球，里瓦尔多进 5 球。小罗进了 2 个球，并贡献了 2 个助攻。对英格兰之战，小罗先个人盘带突破，给里瓦尔多创造了推远角得分的机会，再自己一个异想天开的 40 米吊门任意球得分，戏耍了英格兰老门将大卫·希曼。

2003 年，曼联试图争取过小罗，但巴塞罗那捷足先登。巴塞罗那一度也想买下贝克汉姆，或者阿森纳的亨利，但最后拿下了小罗。此前皇马买下贝克汉姆后，据说为 C 罗也准备了 800 万欧元的预算，但弗爵爷这次不想输给皇马了。

"无论多少价格都要抢到 C 罗！"

经历了一个失落的夏天，弗爵爷不肯再错失 C 罗了。

曼联出手阔绰，让里斯本竞技无法抵抗。曼联砸出了 1224 万英镑——折合 1800 万欧元——的价格，给了 C 罗 5 年合同。

C 罗很积极："让我去曼联吧！"2003 年 8 月 12 日，C 罗正式成为曼联球员。

如此，皇马得到了大罗，巴萨得到了小罗，曼联得到了 C 罗。

C 罗先被告知，曼联买下了他，但打算先把他租给里斯本一年。当然咯，他还是该去曼彻斯特看一看。他去了，坐着曼联给他租的私人飞机，来到了曼彻斯特，然后被告知，不用回里斯本了。

"我们这个赛季就要用你。"

C 罗都蒙了，他本以为自己只是来曼彻斯特看一看他未来的球队就回去，甚至没带换洗衣服，但曼联队断然通知他：训练，去和那些曼联明星训练，衣物回头再说。

这就是 2003 年 8 月发生的一切：C 罗为里斯本竞技踢了场球，忽然他的年薪就从 2.4 万欧元变成了 200 万欧元，他从里斯本竞技去了曼联，去了世界最知名的俱乐部之一。一切迅速又华丽，像一场梦。

在驾车去往曼联传奇的老特拉福德球场路上时，C罗收到了那个夏天命运馈赠给他的最后一份礼物。他表示自己想要28号球衣；这号码不那么显眼，曼联也还没人穿28号。

可弗爵爷说："7号。"

那是大卫·贝克汉姆穿过的7号，是乔治·贝斯特穿过的7号，是曼联"国王"埃里克·坎通纳穿过的7号——曼联最传奇的号码。

它忽然就降临到了克里斯蒂亚诺·罗纳尔多的身上。

C罗加盟曼联

曼联、弗爵爷以及曼联的 7 号

03

曼联、弗爵爷以及曼联的 7 号球衣，意味着什么呢？

曼彻斯特联队创建于 1878 年，当时名叫"纽顿希福 LYR"，是铁路工人在纽顿希福工场上组成的球队，1902 年改名为曼彻斯特联队，但工人底色始终不改。1910 年 2 月，传奇的老特拉福德球场建成启用，之后大半个世纪，历经几番起落。

1945 年，马特·巴斯比老爷子上任曼联主帅，他重视青少年球队的建设，带领球队复兴。1952 年，曼联拿到联赛冠军，这是球队 41 年来第一次获得顶级联赛冠军；1956 年，又一次获得冠军；1957 年，卫冕。

可是 1958 年 2 月 6 日，曼联经历了足球史上至为惨痛的时刻：他们结束了客场对南斯拉夫贝尔格莱德红星的欧冠比赛，于回程途中在德国慕尼黑遭遇空难。8 名曼联球员，包括名将汤米·泰勒和邓肯·爱德华兹，均不幸殒命，巴斯比老爷子与大将博比·查尔顿也重伤。

这场灭顶之灾几乎吞没了曼联。
然而，曼联的坚韧无与伦比。
巴斯比教练从废墟中重建起了曼联，随
后，乔治·贝斯特登场。

慕尼黑空难致 23 人罹难，含 8 名曼联球员

贝斯特出身于北爱尔兰一个船坞工人家庭。1961年，他15岁，加盟了曼联；1963年9月，他17岁，首次为曼联出场。他拥有华丽的技艺，常年被英国媒体称赞为本国史上第一带球手。他在曼联时所向披靡，帮助球队在1965年和1967年两次获得顶级联赛冠军。1968年，曼联赢下欧冠冠军，登顶欧洲，贝斯特因此拿到了欧洲足球先生——22岁，他就已经是欧洲足球第一人了。他容貌俊美，性格风流，年少成名，还有比这更完美的人生吗？

然而，凡事都有一体两面，贝斯特开始沉迷酒色。他后来承认："我也戒酒啊——在我睡觉时。""1969年，我曾经放弃女人和酒——那是我人生中最糟糕的20分钟。"媒体赞美他如此受欢迎，堪称当时传奇四人组乐队披头士的第五人。但耀眼的魅力势必招蜂引蝶，他自己也承认，他的青春与金钱都消耗在酒、女人与跑车中了。1972年，26岁的他直接退役；之后他复出又退役，1983年正式离开了职业足球。一年后，他因为酒后驾驶，在狱中度过了圣诞节。

如此，贝斯特的人生可以用他自己的一句名言总结："是在对利物浦（曼联死敌）的比赛中晃过4人，在30码①外远射进球，还是跟世界小姐上床？还真难选。幸运的是，这两样我都做到过。"他风流不羁甚至糜烂的生活，他少年天才的灿烂，让曼联球迷爱恨交加。

而乔治·贝斯特所穿的球衣，就是曼联的7号。

贝斯特退役前3年，即1969年，巴斯比教练已经离任，曼联经历了漫长的低迷期。直到1986年11月6日，他们迎来了改变球队命运的人：

①英美制长度单位，1码约合0.91米。——编者

亚历克斯·弗格森。

1941年最后一天，弗格森在苏格兰出生。他的球员生涯不算卓越，32岁退役后便开始当足球教练，这期间也经营过酒吧。在苏格兰阿伯丁俱乐部执教的8个赛季，他带队拿到3个联赛冠军、4个苏格兰杯冠军。1986年11月6日，他入主曼联。前3个赛季，他不算成功，一度被球迷要求下课，他自己也承认1989年12月是"生涯中最黑暗的日子"。

好在他挺过来了。后来他承认，在黑暗的低谷期，他形成了如此的人生哲学：

"你必须站起来捍卫自己的权益，坚持自己的立场，别无选择。"

1990—1991赛季，曼联在英格兰联赛中依然只获得第六名，但在欧洲优胜者杯中夺冠。那一年，球队引入了丹麦门神彼得·舒梅切尔、英格兰右后卫保罗·帕克，以及俄罗斯的安德烈·坎切尔斯基。在下一个赛季，即1991—1992赛季，曼联拿到联赛亚军；而曼联青训出来的少年们，夺取了青年足总杯的冠军。后来大家便说，那是"92黄金一代"。

那支球队里，有以下球员：

——天赋不算突出，但用无与伦比的努力来掩盖一切弱点的右后卫加里·内维尔。当然咯，加里性格好斗，弗格森说他"和自己的影子都能吵起来"。

——加里的弟弟，可以胜任中后场任何位置的菲尔·内维尔。弗格森描述说，菲尔是这么个球员，你告诉他："菲尔，我要你跑上山跑下山，再砍掉那棵树。"他会回答："好的老大，电锯在哪儿？"

——可以胜任中场多个位置，适应能力极强，被弗格森誉为"完美战士"的尼基·巴特。弗格森说，巴特的性格如此直率刚硬，他会直接冲进办公室问弗格森："为什么不让我出场？"

——威尔士来的追风少年，盘带突破所向披靡的"利剑"瑞安·吉格斯。

——传球精确简练，插上远射凶猛，有大局观，被足坛无数中场大师啧啧称赞的保罗·斯科尔斯。

还有他们中最有名的一个：大卫·贝克汉姆。

1992年冬天，弗格森从前一年的联赛冠军利兹联队中挖来了性格桀骜的法国天才埃里克·坎通纳，将贝斯特曾经穿过的7号球衣给了他。曼联得到了这一年的联赛冠军，也是弗格森在曼联的首个联赛冠军。1993年，弗格森用创下当时英国纪录的375万英镑转会费，从诺丁汉森林买来了强硬剽悍的后腰罗伊·基恩。此后，坎通纳和基恩成为曼联的队长与脊梁。第二年，曼联蝉联联赛冠军，唯一的遗憾是：1994年1月

坎通纳和曼联"92黄金一代"

20 日，已经受封爵士的巴斯比教练去世了。

接下来的两年，曼联改天换地。

1995 年 1 月，坎通纳的暴躁性格发作，在对水晶宫的比赛中，他使出一记著名的飞脚，踹向球迷，被英足总禁赛 9 个月。当年曼联遗憾地拿了联赛亚军。也是在这一年，弗格森开始让球队转型：他放保罗·因斯去了国际米兰，让坎切尔斯基去了埃弗顿，并从纽卡斯尔联队买下了前锋安迪·科尔。这套配置在下一个赛季得到了好的回报：1995—1996 赛季，巴特、两个内维尔、斯科尔斯和贝克汉姆等人 20 岁出头，陆陆续续成为曼联主力；1996 年，曼联拿下联赛冠军，还依靠坎通纳一个凌空绝杀进球击败利物浦，拿到了足总杯冠军。下一个赛季，曼联完成联赛卫冕。

也差不多是在这一时期，温格教练的阿森纳崛起，开始展开与弗格森的曼联的漫长对峙。

1997 年 5 月，坎通纳忽然退役，基恩接任球队队长。1997—1998 赛季，阿森纳拿到联赛冠军，弗格森祝贺了温格："我认为失去联赛冠军对我们的年轻球员是好事，我衷心肯定阿森纳在圣诞节及季末做出的努力。"

这话并不是示弱：下一个赛季，即 1998—1999 赛季，弗格森和曼联将迎来空前的成功。

当然，值得大书特书的，还有大卫·贝克汉姆。

1975 年，大卫·贝克汉姆出身于一个伦敦厨子家庭。他父亲是曼联球迷，在他年幼时，就带他去曼彻斯特老特拉福德球场看球。14 岁那年，贝克汉姆进了曼联少年队；17 岁，他成了曼联 "92 黄金一代" 的成员之一；19 岁，他成了曼联一队成员——就是坎通纳一记飞脚踢了水晶宫球迷被

贝克汉姆庆祝自己的惊天吊射进球

禁赛的那一年。弗格森大胆提拔贝克汉姆时，对媒体赞美道："他是英国最好的年轻球员之一；他不只靠天分，还靠努力——他会在训练中在意那些他人不屑一顾的细节。"

1996—1997赛季，曼联对温布尔登一战，贝克汉姆在中场一记60米开外的远射成功，是为他的生涯代表作。联赛倒数第二轮，曼联5比0击败诺丁汉森林，贝克汉姆独进2球，让曼联4年里的第3冠光辉熠熠。那时他金发飘洒，阳光灿烂，成了全英国的偶像。《卫报》说，英国唯一能拿来对抗1997年横扫世界的《泰坦尼克号》与莱昂纳多·迪卡普里奥的，只有英俊的贝克汉姆了。坎通纳退役，贝克汉姆继承了光荣的曼联7号球衣，成为世界的宠儿。

然而，争议也是自那时产生的。

贝克汉姆太英俊，或者说，他的英俊被媒体谈论得太多了，自然会有人觉得他名不副实。1998年世界杯，英格兰对阿根廷，贝克汉姆在倒地后报复性地钩了阿根廷的迭戈·西蒙尼一脚，西蒙尼夸张地滑倒，贝克汉姆吃了张红牌被罚下场。之后英格兰点球败北，被阿根廷淘汰。贝克汉姆遂被媒体当成罪魁祸首、万恶之源。

可是他挺过来了。

1998—1999赛季，曼联拿到联赛冠军与足总杯冠军，并打进了欧冠决赛。1999年5月26日，巴塞罗那诺坎普球场，曼联与德国巨人拜仁慕尼黑在欧洲之巅对决。直到90分钟比赛结束时，拜仁还是1比0领先曼联。

伤停补时阶段，贝克汉姆送出角球，泰迪·谢林汉姆乱军中破门得分：那是第90分36秒的时候。不到30秒后，贝克汉姆再次送出角球，谢林汉姆头球摆渡，挪威射手奥勒·索尔斯克亚插上捅射，2比1。曼联完成了欧冠史上最伟大的逆转，夺得1999年欧冠冠军，并完成了英国足球史上迄今为止的最大伟业：三冠王。

那个赛季，贝克汉姆在联赛中射进6球，送出11个助攻；在欧冠被评为当季最佳球员和最佳中场。在那一年的金球奖评选中，他与阿根廷战神加布里埃尔·巴蒂斯图塔、巴西名将里瓦尔多一起走到了最后。虽然未能当选——里瓦尔多拿下了金球奖，但英国人民原谅了他，原谅了他在一年前对西蒙尼那鲁莽的一脚报复和吃到的红牌。他们回忆起了1996年那个对温布尔登半场吊门得分的金发阳光男孩。

在 24 岁时，贝克汉姆就已经是世界上最成功的足球运动员之一了。

1999 年拿下三冠王，曼联开始了好时光；弗格森也受封为爵士。之后的 2000 年和 2001 年，曼联拿到了联赛三连冠。弗爵爷大概可以志得意满了。

另一边，贝克汉姆展开了自己球场内外的辉煌人生：1999 年 7 月，在他的两个角球帮助曼联拿到欧洲之王头衔后，贝克汉姆与大他一岁的歌星"辣妹"维多利亚·卡洛琳娜·亚当斯结婚了，婚礼耗费 50 万欧元，聘请雇员 437 人。

1999 年秋天之后，因为曼联的成功，因为贝克汉姆本身的俊美，因为他的婚姻与他的妻子，不懂足球的女孩子也知道了有个踢足球的男生叫贝克汉姆。维多利亚的时尚嗅觉，让贝克汉姆从此告别了那群生姜头、绒毛脸、不穿上球衣就酷似英国中部工人的队友。他英俊到鹤立鸡群。香水、服饰、时尚杂志、发型、须后水，各色品牌都跟他沾边。2002 年，贝克汉姆一边担当英格兰队队长，一边被描述为英国最典型的"都市美型男"——Metrosexual。

是的，那时候，他已经不是一个"足球场上的帅哥"了，他是风靡全领域的美男子，成了一个传奇。

贝克汉姆和"辣妹"结婚这事，英国有人赞同，有人反对。赞同的人认为这是金童玉女，天生一对；反对方，比如弗格森爵爷，则认为他从此成了娱乐焦点、公众人物。弗格森痛心疾首，以至于媒体聊到贝克汉姆和死敌温格时问他："如果温格和'辣妹'同在你面前，而你有一颗子弹，你会怎么办？"弗爵爷回答："我要两颗子弹！"

弗格森的焦虑不难理解。曼联史上最伟大的 7 号之一乔治·贝斯特，22 岁就成为欧洲第一人，与贝克汉姆一样英俊迷人，以至于世界小姐坐满他的敞篷车，最终酒精和女人一起扼杀了他的职业生涯。有贝斯特的前车之鉴，弗爵爷总希望曼联诸将永葆朴素本色，专注于足球。这本来不难：贝克汉姆是蓝领家庭出身，他的俊秀也没有影响他的勤奋；可他的妻子"辣妹"偏偏是少女时期就坐劳斯莱斯上街，在娱乐业与时尚业呼风唤雨的人物。

2007 年，当时贝克汉姆已经离开曼联，甚至离开欧洲，弗爵爷还在一次访谈中提到他：

"他结婚之前，从来就不是个问题。他以前总会半夜加练，是个如梦似幻的好青年。结婚之后，他进入了娱乐圈，很艰难啊。从那之后，他的生活便不同了。他成了个大名人，足球只是他的一小部分。"

2000 年，弗格森仍在念叨着贝克汉姆对曼联的意义。他认为曼联三分之一的进球依赖贝克汉姆。"他让我惊叹，对比赛总是投入，对技术精益求精，长传不可思议，视野让人难以置信。"

可弗格森已经看过太多堕落的例子。比如，号称半个世纪以来英格兰技术最好的保罗·加斯科因，在 20 世纪 90 年代堕落了；阿森纳队长托尼·亚当斯，也曾苦于酗酒。弗格森有点焦虑，他不喜欢看见球员戴上耳环，沉迷于跑车。他希望球员们专注于足球，回到父母妻子身边时也能保持本色。"如果你看到他们不断变换个人形象，那就说明是时候管管他们了，我最不愿意看到的事情就是他们的改变。"

偏偏贝克汉姆是全世界最讲究外形的球员。他每次改变发型，都能引发举世讨论。他在媒体面前微笑时，已不再是92青年队内向羞涩、腼腆纯真的大卫了，而那恰恰是弗爵爷最喜欢的贝克汉姆。

2003年夏天，弗爵爷感叹说："（曾经的贝克汉姆）在训练结束后，依然练习练习再练习，但在遇到他的妻子后，他的生活就改变了。她是流行歌星，大卫的形象也变成了一个时尚人物，我看着他变成了另一个人。"

当然，贝克汉姆并不觉得自己有什么问题。他在曼联的好搭档吉格斯就开过玩笑："自从我认识贝克汉姆以后，他就没变过——一个华而不实的伦敦人。"贝克汉姆踢球始终努力，实际上就在结婚后，1999—2000赛季，他在各类比赛中为曼联贡献8球19助攻；下一个赛季，9球16助攻；再下一个赛季，16球14助攻。

如果非要追究，大概得去怪大惊小怪、无所不用其极的英国媒体。但这也不难理解：此前，英国媒体的宠儿是戴安娜王妃；王妃逝世后，英国媒体需要一个时尚中心话题。

2002年11月，英国女王要接见贝克汉姆。当时贝克汉姆肋骨断裂，正在养伤。身为英格兰队队长，在养伤期间去觐见女王，大概也无伤大雅。但弗爵爷愤怒了。按贝克汉姆事后的说法，弗爵爷公开质疑了他的忠诚："你说你在养伤，怎么还能去见女王？"

贝克汉姆为此大感刺痛：他在曼联待了13年，他自觉为曼联殚精竭虑，无所保留。仅仅因为在养伤期间觐见女王，就被教练如此质疑？于是，他向弗爵爷表示自己热爱曼联，想永远留在曼联，但是，"如果你不想让我留下，你应该告诉我"。

形势变得剑拔弩张，矛盾开始激化。弗爵爷像一个安全感不足的父亲，开始找贝克汉姆这个儿子的碴儿。

比如，在曼联客场挑战莱斯特城的比赛前，弗爵爷发现有超过 20 个摄影师在卡灵顿基地蹲守，以便拍摄贝克汉姆的新发型。那天贝克汉姆戴着绒帽遮盖他的发型，弗爵爷逼他摘下来："你不摘帽子，我就不让你首发！"在弗爵爷看来，贝克汉姆与时尚业的那些瓜葛，以及他招引来的各色记者，全都对球队有害。

2003 年 2 月 15 日，这幕戏剧终于到达高潮。当天，曼联刚在足总杯中 0 比 2 输给阿森纳。在更衣室里，当着所有球员的面，弗爵爷施展了他著名的"电吹风"式怒吼，朝贝克汉姆咆哮。这在曼联的更衣室里极为常见，无论你是何等球星，弗爵爷总会把你当个小孩一样训斥。所以当日贝克汉姆怒吼回嘴时，弗爵爷震怒了。

据说，当时他离贝克汉姆 5 米之远，飞起一脚，踢了一只球靴。这只球靴，神奇又巧妙地打中了贝克汉姆的左眼上方，血当场流了下来。

弗爵爷是故意的吗？不知道。后来有些媒体调侃说，弗爵爷脚法没那么准，也并不打算直接踢瞎贝克汉姆——意大利名帅马塞洛·里皮开玩笑说，他也踢过几十次球鞋，但一次都没踢中球员的头，说明弗爵爷脚法更好。大概弗爵爷只是想继续打压贝克汉姆，取回自己的权威，让贝克汉姆这个孩子乖乖听话。

但这滴血流下时，一切都无可挽回了。

据说贝克汉姆暴跳而起——不难理解，此前他累积了太多的愤怒与委屈，然后被吉格斯、加里·内维尔以及荷兰神射手范尼劝住了。可灾祸已经酿成。曼联新闻官强调："不管在更衣室里发生了什么，都属于私人事务。"然而贝克汉姆却不乐意将这事"留在更衣室里"：他在自己的伤口上贴了块创可贴，任狗仔们拍摄。贝克汉姆与弗爵爷的矛盾随即公开化。英格兰媒体回忆起此前皇家马德里想买贝克汉姆的传闻，西班牙媒体则推波助澜，认为贝克汉姆一定会去皇家马德里。

更微妙的是，2003 年欧冠 1/4 决赛，曼联正要对阵"银河战舰"皇家马德里。

皇家马德里是西班牙足球的象征，是 20 世纪最成功的足球俱乐部，当时球队主席弗洛伦蒂诺·佩雷斯正在组建所谓"银河战舰"。2000 年，弗洛伦蒂诺以创当时世界纪录的身价买到了当年的金球奖得主、巴塞罗那的王牌、C 罗的葡萄牙前辈路易斯·菲戈。一年之后，弗洛伦蒂诺又一次以破世界纪录的身价买下了 1998 年金球奖得主齐内丁·齐达内。又一年后，皇马签下了带巴西拿到世界杯冠军，即将拿下 2002 年金球奖的"外星人"罗纳尔多。皇马永远只买最好的球员。弗洛伦蒂诺想要贝克汉姆，这从来不是秘密。

英国《每日电讯报》说弗爵爷是"即使在一间空屋子里也能和自己吵架的人"，但弗爵爷在2003年有一个正确的预感：皇马在背后挑事呢。

2003年春天，各种媒体都在渲染贝克汉姆与皇马的绯闻。4月7日，曼联到达马德里，即将于次日在伯纳乌球场面对皇马，曼联的西班牙籍替补里卡多的几句话不小心被泄露了："几天前，我问贝克汉姆今夏是否真的要去皇马，他问了我一些马德里小学教育质量的问题。我告诉他，马德里的学校是世界上最棒的。"

4月8日，在伯纳乌球场，皇马首回合3比1击败了曼联。开场皇马就以一串55秒内21次传球的配合，给了曼联一个下马威。第12分钟，菲戈让皇马1比0领先。第28分钟，皇马的7号劳尔·冈萨雷斯打进球队第2球。下半场开始4分钟，劳尔再进1球，皇马3比0领先。之后曼联的范尼打进1球，但曼联终究以1比3败北。

比比赛结果更微妙的是，赛后贝克汉姆承认，踏进伯纳乌球场时，对手皇马让他充满敬意，甚至感到敬畏。后来贝克汉姆承认过，他觉得皇马所踢的才是"真正的足球，我从未见过如此精彩的表演"。

这一年，贝克汉姆27岁了。他在曼联已达到事业顶峰，无法再前进一步了。在足球上，在事业上，如果想更进一步，他就需要更高的舞台了。弗洛伦蒂诺主席则试图让贝克汉姆觉得，皇马是最好的舞台。

2003年4月中旬，贝克汉姆的经纪人托尼·史蒂芬斯与皇马取得了联系，进行了试探。皇马立刻表示：是，我们想要贝克汉姆。

4月23日，在老特拉福德球场，皇马再战曼联。皇马主帅文森特·德尔·博斯克大吃一惊：曼联的首发阵容里居然没有贝克汉姆——替代他的是来到曼联后一直状态不佳，刚受伤一个月的阿根廷球星胡安·贝隆！

后来博斯克教练承认："不可思议！这如同我们不让菲戈首发上场一样令人不可思议。我能想到的唯一解释就是主教练和球员之间出现了个人问题，否则难以理解。"

是的，全世界都看到了：弗爵爷在生死之战中把贝克汉姆——英格兰队队长——放在板凳上。

比赛第 12 分钟，"外星人"罗纳尔多为皇马打进 1 球，大比分变成了 4 比 1。6 分钟后，代替贝克汉姆出场的贝隆吃了黄牌。第 43 分钟，范尼为曼联打进 1 球。但下半场开始 5 分钟，皇马一串 40 秒 15 次传球的配合后，罗纳尔多左脚捅射再进 1 球，皇马以大比分 5 比 2 领先。2 分钟后，皇马后卫埃尔格拉犯了错误，自己进了个乌龙球，可罗纳尔多再进 1 球，上演帽子戏法，皇马以大比分 6 比 3 领先。

此时贝隆下场，贝克汉姆终于出赛，但比赛气势已倒向皇马一边。罗纳尔多被换下场时，老特拉福德球场的球迷全场起立，向他致敬。虽然"外星人"刚才独进 3 球，打得曼联气息奄奄，但曼联球迷理解：这就是伟大的足球。

等等，没完呢。

比赛第 71 分钟，贝克汉姆一个任意球得分，曼联追到 3 比 3，大比分 4 比 6。第 84 分钟，贝克汉姆再进 1 球。赛前他被弗爵爷抛弃了，但此刻替补出场的他正试图改变命运。

可命运无可改变，比赛结束，曼联 4 比 3 赢了这一战，却以大比分 5 比 6 被淘汰出局。曼联 2002—2003 赛季的欧冠旅程到此结束。

贝克汉姆的曼联旅程，也到了尾声。

皇马淘汰曼联一周后，两支球队正式讨论起了贝克汉姆的归宿。曼联的彼得·凯尼恩与皇马的弗洛伦蒂诺取得了联系，凯尼恩很明确：从商业角度来说，贝克汉姆一个人的价值抵得上曼联其他所有队员，他也并不完全赞同弗爵爷踢出那只靴子，但弗爵爷是曼联之魂，曼联没法逼他下台。

那，只有放弃贝克汉姆了。

《镜报》和《泰晤士报》纷纷表示：贝克汉姆是继戴安娜王妃之后，英国最优秀的明星。现在，他们要失去贝克汉姆了。

2003 年 5 月 4 日，曼联拿下了 2002—2003 赛季联赛冠军。但 6 月 10 日，曼联忽然发表声明，说球队要接受巴塞罗那主席拉波尔塔对贝克汉姆 4500 万欧元的报价。然而，贝克汉姆拒绝去巴塞罗那，于是 6 月 13 日，皇马和曼联再次会谈。6 月 17 日，交易完成：贝克汉姆转会皇家马德里。

曼联的 7 号球衣空了出来。

2 个月后，克里斯蒂亚诺·罗纳尔多来到曼联，接下了这件 7 号球衣。这中间凝聚了无数的辉煌与遗憾：贝斯特的年少成名与流星飞坠，坎通纳的曼联王业与早早退役，贝克汉姆的扬名立万与飘然离去。曼联 7 号注定灿烂又张扬，却也注定与这支球队缘分不长久。

C 罗首夺足总杯冠军

　　而对弗爵爷而言，贝克汉姆离去，就像一个叛逆期的孩子长大了，离开了固执的父亲。

接过了 7 号球衣的 C 罗，对弗爵爷而言，就像一个新的孩子。

起伏 04

　　2003 年 8 月 16 日，英超揭幕战，曼联对博尔顿。比赛踢到第 61 分钟，曼联以 1 比 0 领先。弗爵爷回头，让 C 罗热身。曼联球迷激动了起来：

　　4 天前刚加盟曼联的 C 罗要上场了！旧的 7 号贝克汉姆走了！新的 7 号来了！

　　C 罗上场后，赢得全场观众的起立鼓掌。对手当然看在眼里，博尔顿的后卫们立刻一拥而上，将 C 罗团团围住，直接将他铲翻。但 C 罗立刻起身，接着向队友要球。弗爵爷后来承认，他当时心想：

　　"无论如何，这小子有胆量。"

　　下一分钟，C 罗势不可挡地突破，被对手拉倒。曼联获得点球，不过范尼遗憾射失。之后 C 罗传中制造了射门机会，吉格斯补射破门。如此 C 罗踢了半个小时，曼联又进了 3 个球，比分来到 4 比 0。

C 罗的登场璀璨无比，除了造点球外，他的花哨带球，他的奔袭，他的突破，让观者为之目眩。7号球衣曾经的主人，那傲慢又不羁的乔治·贝斯特，曾经这么说过贝克汉姆："贝克汉姆左脚不行，不会头球，不会铲球，进球也不多——除此之外，他还不错。"

而他评价 C 罗的首战时是这么说的：

> "有好几个球员被说成是新的乔治·贝斯特，只有 C 罗，算是对我的称赞。"

他认为 C 罗的首战是"我所见过的最激动人心的出道战"。

C 罗替补登场，迎来曼联首秀

4天之后，C罗在一场葡萄牙对哈萨克斯坦的比赛中替下了葡萄牙王牌菲戈：这是他在葡萄牙国家队的出道战。

事后看来，这个交替意味深长：这是葡萄牙两代超级明星的交接。

回到英超，C罗并没因为一鸣惊人便一帆风顺。比如，在曼联对狼的比赛中，C罗首发，却被对方的丹尼斯·埃文斯——曼联前球员——逼得转不了身。比赛后段，一无所获的C罗被换下时，对方球迷唱歌嘲讽道：

"他不是真正的罗纳尔多！"

所谓"真正的罗纳尔多"，自然是指巴西那位"外星人"。

其实那时还有一位罗纳尔多，即"小罗"罗纳尔多·德·阿西斯·莫雷拉，这位巴西天才2003年去了巴塞罗那。

皇家马德里的"外星人"罗纳尔多，巴塞罗那的魔术师小罗，曼联的C罗，各有不同的命运与待遇。

2003年11月1日，曼联对朴次茅斯，C罗打进一个任意球——这是他代表曼联的首个进球。许多人念叨："贝克汉姆再现了！"同是曼联7号，同是一个任意球！

整个赛季，他打进了4个联赛进球。联赛最后一轮，曼联对阿斯顿维拉，他打进1球，但也吃了职业生涯中的第一张红牌。

当然咯，整个赛季，C罗一直在提供惊喜。

2004年3月，弗爵爷的助教沃尔特·史密斯问弗爵爷C罗有多棒。弗爵爷特意提到C罗滞空能力出色，能打出神奇的头球。史密斯质疑说，C罗没在比赛中进过头球啊……

C 罗随曼联获得个人首冠

C 罗传奇

不久后，曼联对伯明翰，C罗头球破门。弗爵爷回头看看史密斯，史密斯说："好，这下我知道了。"之后的足总杯决赛，C罗头球把加里·内维尔的传中顶进，为球队首开纪录，让曼联以3比0取胜，拿到了2004年足总杯冠军。

英国媒体对C罗的态度暧昧复杂。一方面，他踢得过于花哨，展示了太多次招牌的"踩单车"假动作，而且那张红牌也证明，他终究是个孩子。英格兰超级联赛中的许多老将也不喜欢他，觉得他的那些花式盘带是存心要羞辱他们。不止一个球员承认，他们会抓住机会，狠狠给C罗一下子，让这孩子"见识一下英国足球"。另一边，队友加里·内维尔辩称，C罗并不是个绣花枕头，他有真才实学，"他可以成为世界级球员"。

有记者这么描述C罗：

"他有花式，能让比赛好看，但除非最后能产生实效，否则那些花式都没啥意义。我们当然也得记住，这小子只有19岁。他的确有卓越的才华。他的双脚有时的确魔力四射，如果他能持续送出优秀传中，那他未来可期。"

这段话算是中允的评价，但其中也饱含着英国式的成见：

他们不喜欢葡萄牙式的华丽，他们喜欢扎实的效果；还有，他们觉得C罗该做的是给射手送出传中——像贝克汉姆那样传中。

但C罗并不满足于此。

2003—2004赛季，C罗没去成的阿森纳打出了不败赛季，夺下英超冠军；小罗在巴塞罗那大放异彩，之后将得到2004年世界足球先生；葡萄牙的豪门波尔图则拿到了欧冠冠军，冠军主帅正是C罗的葡萄牙老乡若泽·穆里尼奥，波尔图的球队王牌则是葡萄牙人德科。

2004 年夏天，葡萄牙迎来了在本土举办的足球大赛欧洲杯，19 岁的 C 罗入选了国家队。国家队有菲戈这样的前任金球奖得主，有德科这样刚登顶欧洲的大师，但训练跑步时，C 罗冲在第一位，以至于菲戈等国家队的大哥们得招呼他：

"慢一点，孩子！"

等跑步结束时，国家队的大哥们才看见更惊人的一幕：C 罗回到更衣室，解下了脚踝上的重物。他刻意加分量，以便锻炼自己的肌肉。

2016 年，我有幸采访过德科一次，他如此描述 C 罗：

"我从没见过训练那么刻苦的球员。夏天参加欧洲杯时，大多数球员经历了一个赛季的疲惫，训练时都只想维持状态；只有 C 罗，他每次训练时，都想比先前更进一步。"

2004 年欧洲杯揭幕战，葡萄牙对阵希腊，C 罗身披 17 号球衣——葡萄牙的 7 号归他们的王牌菲戈——替补出场，对塞塔里迪斯犯规，送了个点球给希腊。当时他跟著名的光头裁判皮耶路易吉·科里纳争辩过，但于事无补。葡萄牙媒体认为，那时他表现得活像个小孩子。之后 C 罗进了个头球，但葡萄牙还是 1 比 2 输给了希腊。

1/4 决赛，葡萄牙和英格兰打到点球大战，C 罗射进了点球，葡萄牙淘汰英格兰。对此，英国有些媒体颇为不爽："在英超踢球的葡萄牙人淘汰了英格兰？哼！"之后的半决赛，葡萄牙 2 比 1 击败荷兰晋级决赛。C 罗头球将菲戈的角球顶进球门，为葡萄牙首开纪录。

2004 年欧洲杯决赛时，C 罗不到 20 岁，是欧洲杯决赛史上最年轻的首发球员。然而希腊击败了葡萄牙，让C罗屈居亚军，就此结束了他的第一次大赛旅程：2个头球，2个助攻，亚军。

有趣的是，他明明是华丽迅猛的边锋，但这届大赛，他进的2球都是头球。如果考虑到此前足总杯决赛，他的进球也是一记头球，考虑到弗爵爷大赞他的头球，那么也许，头球攻门才是他的特长？C罗在里斯本时，也被教练认为适合打中锋。穆里尼奥看见他时，认为他有点像范巴斯滕。

C罗喜欢华丽地炫技，但也许最适合他的，是在禁区里当个终结者，用头球，用抢点，来为球队攻门得分——毕竟到2004年，他已经长到187厘米高了。

2004年欧洲杯后，C罗回到了曼彻斯特，队友们都感受到了他的蜕变。菲尔·内维尔认为，C罗每次遇到挫折，总能更进一步。这次欧洲

2004年欧洲杯决赛，葡萄牙不敌希腊，C罗泪洒赛场

杯旅程，让 C 罗拥有了英超球员的身板和气势：相比起传统葡萄牙人灵巧、迅速、华丽的风格，如今的 C 罗多了强硬、刚猛与坚韧的特质。

然而，他还是没完全融入曼联的固有氛围。他刚到曼联时，因为他的辫子，因为他的球鞋，因为他华丽的穿着，曼联更衣室里的几位老将开他的玩笑，说他穿得像要去夜店，或者要去见首相，或者要去见未来的老婆。当然咯，这些话也许没有恶意，但多少体现了曼联以往的做派。加里·内维尔承认过，他们这些老曼联人，习惯像清教徒般一丝不苟。弗爵爷总希望曼联的所有球员专注于足球，看到贝克汉姆变换发型，他就会心中不满。自然而然，他麾下的球员们也秉持着这样的传统精神。

据说，C 罗在更衣室里有一面大镜子。有人说镜子是他安在那里的，有人说是本来就在那里的，还有人说是球队把他的更衣室衣柜放在镜子前的。但 C 罗在赛前确实会从镜中凝视自己。这当然又会招来球队老将的调侃，说他太自恋了。

但就像在里斯本时，C 罗用傲慢做自己的铠甲似的，自我凝视甚至自我催眠也可以让 C 罗汲取自我提升的动力。

队长罗伊·基恩认为，C 罗会成为伟大球员，因为他"勤奋又傲慢"。基恩自己是个性格火暴的人，他认为傲慢不一定是坏事——那意味着上进心与无穷动力。

C 罗左右脚均衡，但他主要是右脚将。按说他左右翼都能胜任，在左翼，这意味着他可以靠右脚内切射门，更直接地威胁对方球门；在右翼，他的角色则会接近贝克汉姆，给球队前锋送出传球。可弗爵爷让他踢右翼，因此有些媒体猜测，弗爵爷心里依然留着贝克汉姆的影子。不过有球队

C 罗传奇

C 罗在曼联俱乐部备战新赛季

内部人士确认，弗爵爷这么做，是为了让球队老大哥加里·内维尔在 C 罗身后好好督导、策励他。

加里长期在身后注视着 C 罗，他了解 C 罗，他说 C 罗仿佛有强迫症一般偏执，疯狂地要求完美。他认为 C 罗和贝克汉姆虽然踢法大不相同，但他俩有一点相似：

"他们都不只是简单的足球运动员，他们必然会跨过这个界限，成为真正的明星。"

2004 年 10 月 29 日，曼联对阵米德尔斯堡，C 罗打进了曼联英超的第 1000 个进球，随后他将合同续到了 2010 年。2005 年初，曼联对阵阿斯顿维拉，他打进 1 球，送出 1 个助攻，报了上季收尾战吃红牌的仇。然后，在曼联做客阿森纳主场海布里时，C 罗独进 2 球。他还做了一个让阿森纳球迷愤怒、让曼联球迷开怀的动作：进球之后，他对阿森纳球迷竖起手指——"嘘！！！"

值得一提的是，他在对阿森纳这场比赛中梅开二度，2 个进球都来自队友吉格斯的助攻。C 罗自然依然有花团锦簇的脚法展示，但他最后进球，依靠的是准确的跑位与坚决的处理。无论虚晃多少次，进球总是要靠那一脚射门。

2005 年足总杯决赛，弗爵爷放心地让 C 罗打满了全场 120 分钟。之后的联赛杯决赛，曼联对维冈竞技，他打进了第 3 球，球队以 4 比 0 取胜。

2004—2005 赛季，曼联另一个大变化是他们迎来了阿兰·史密斯和受全英格兰瞩目的天才前锋韦恩·鲁尼。鲁尼比 C 罗小 8 个月，在埃弗顿开始足球生涯，2002 年 16 岁就开始踢英超联赛。2003 年 2 月，鲁

曼联对埃弗顿，鲁尼铲抢 C 罗

尼 17 岁 111 天，就代表英格兰队出场，成为英格兰史上最年轻的国脚。
2004 年欧洲杯，他打进 4 球。2004 年夏天，他以 2700 万英镑的身价来
到曼联。他的偶像是罗纳尔多——巴西那个罗纳尔多。

鲁尼身高 176 厘米，技术全面，力量十足，极富创意，可以胜任任
何进攻角色，但他最喜欢踢的是前锋。英国媒体称赞他是"神童""新
贝利""白贝利"。与 C 罗不同，他生来就是英格兰的宠儿。2004—
2005 赛季，他初到曼联，便出赛 43 场，打进 17 球。

从某种程度上来说，鲁尼和 C 罗是两个极端。鲁尼穿 8 号球衣，C
罗穿 7 号球衣。鲁尼壮硕，甚至会被攻击有点胖；C 罗高挑，练得一身肌肉。
鲁尼不太喜欢训练，他才华横溢，会跟曼联的训练师迈克·克雷格念叨，
说他不必在健身房练那么苦，他又不是来搞田径的，"我是来踢足球的！"

而 C 罗却会跟克雷格先生说："我想成为当世最强球员，您一定要

C罗祝贺鲁尼进球

帮我！"

　　C罗刚到曼联时不够强壮，精神上也未脱少年气。2005年12月，曼联在对本菲卡的欧冠比赛中落败，赛后C罗被弗爵爷训哭了。

　　但类似的低潮过后，他总会试图让自己再勇敢一点。C罗总相信自己能做得更多，做得更好。克雷格先生赞叹过C罗的天赋：他的肌肉结构、体脂、柔韧性、爆发力、力量，达到了完美的平衡。尽管如此，C罗仍对训练欲求不满。他的卧室里没有电视，因为他不想分心。他练得如此勤苦，以至于弗爵爷经常把手搭在他肩上——许多人都注意到了这个细节，弗爵爷很少对其他球员这么做——告诫他：给自己休个假，享受一下阳光。

　　也许弗爵爷已经发现，C罗确实傲慢得有些孤僻了——他很少和队友们一起外出，他不跟队友谈论家人，不谈论自己的过去。队友们调侃他的自恋与傲慢，他却拼命训练，试图用卓越的表现征服所有对手和队友——就像他在马德拉所做的一样。

　　　　　　　　　　　　　　　　　C罗传奇

在曼彻斯特住了 3 年后，C 罗的母亲多洛雷斯回到了马德拉。接着，C 罗迎来了生活的剧变：C 罗在曼联的第 3 个赛季刚开始，2005 年 9 月 6 日，他那酗酒多年的父亲迪尼斯去世了，终年 52 岁。

当然，迪尼斯不是个好父亲，他酗酒，C 罗的哥哥乌戈则吸毒。据说为了获得酒钱，迪尼斯把 C 罗代表曼联首战博尔顿的纪念球衣都卖掉了。

但他毕竟是 C 罗的父亲，除了酗酒，他大体是个温和的好人。有种说法认为，他受战争创伤后形成的听天由命的个性，其实让 C 罗有了一份安全感——但 C 罗又以酗酒的父亲与吸毒的哥哥为戒，成瘾似的训练，以远离父亲经历过的幽暗。

得知父亲的死讯时，C 罗正在莫斯科，随葡萄牙队征战 2006 年世界杯预选赛。斯科拉里教练问 C 罗的意见，C 罗回答教练："我想踢球。"

那天比赛后的新闻发布会上，2002 年曾带领巴西队拿下世界杯冠军，亲眼见证过罗纳尔多与罗纳尔迪尼奥这两位大、小罗纳尔多神话表现的名帅斯科拉里如此预言：

"C 罗会成为葡萄牙足球史上最卓越的球星。"

然而 2005—2006 赛季，C 罗的比赛并不是一帆风顺。他的情绪控制出了问题。2005 年 10 月，他被两个女人控诉强奸，虽然事后证明那只是无稽之谈。他在对曼城的比赛中又一次脾气发作，对对方报复性犯规，吃了红牌。在曼联客场对本菲卡的比赛中，他对球迷竖了中指。他桀骜不驯的暴脾气，让曼联球迷都觉得他有点怪异。

即使这样，赛场上，他全季还是各类比赛出战 47 场，打进 12 球，但有队友，比如阿兰·史密斯，指摘 C 罗不肯传球——即便被多人包围，他还是想单枪匹马攻克对手。奎罗斯教练则从另一个角度思考，认为 C

罗该去禁区当终结者："他在边路每场反复冲刺30次，实在太浪费了！"奎罗斯教练相信，C罗到年近而立时，会成为纯粹的前锋。但也有媒体指出，虽然C罗更适合担当中锋，但他"似乎不喜欢担当9号位（中锋）"。

这就又回到了当初的话题：C罗有中锋的身材和边锋的速度与技巧，但这两者并没有完美结合。

C罗大力抽射

C 罗和范尼

2006 年 2 月，在曼联对富勒姆的比赛中，C 罗射进了一脚任意球，用的是他招牌的任意球射法——高弧度，随即球急速下坠，"电梯球"。

曾经的曼联 7 号的贝克汉姆，擅长圆月弯刀式的任意球——触球瞬间，让球急速旋转，画出弧线直袭球门。许多球员也会踢出落叶球——球竖直旋转，到最高点后急速下坠。

C 罗的电梯球极其诡异：球快速起飞，然后急速下坠，球本身并不旋转。他用脚弓前部，短促有力地踢击球的中心靠下部位。这是他苦练多年，终于练成的绝技。

但是偏执的苦练，并没让他获得所有的爱。加里·内维尔表达过一个意思——这恐怕也是球队里许多人的意见：C 罗宁可用挑射和吊射，也不肯直接干脆劲射。"他就是乐意玩花式。"

范尼则抱怨C罗不肯传中。据说在2005—2006赛季的最后一场比赛中，曼联的禁区之王中锋范尼终于和C罗开吵了。此前范尼与贝克汉姆搭档时，两季联赛射进48球；而与C罗搭档这三年，他的联赛进球数跌落到20球、6球（因伤只出席17场）和21球。他认为C罗的踢法自私花哨，不够实用。

事实上，2005年秋天，范尼和C罗之间就已经暴露了不小的问题。当时范尼在训练场上踢了C罗一脚，然后挑衅地问他："你想怎么样？跟你爸爸告状？"

弗爵爷认为，范尼指的"爸爸"，是2004年回归曼联后，一向偏爱C罗的葡萄牙助教奎罗斯，但C罗听了这话怒不可遏——毕竟2005年秋天，他刚失去父亲。

一般认为，范尼这句话基本断送了他留在曼联的可能性。但不喜欢C罗的，并不只有他一个人。实际上，2005—2006赛季，曼联连续三年没拿到联赛冠军了。有讨厌C罗的曼联球迷絮絮叨叨：这一切都是C罗的错。

顺便一提，巴塞罗那的小罗，继2004年当选世界足球先生，2005年拿下金球奖后，又带队拿下了2006年欧冠冠军。所以，曼联球迷中自然又有人念叨了："比起皇马的罗纳尔多，比起巴萨的小罗，曼联这个C罗还不够啊……"

所以C罗面对的问题，不只是足球，还有一条巨大的文化鸿沟：他确实倔强又努力，但他一直在试图张扬自己的个性。而曼联的风格与氛围，一向遏制球员个人出风头的欲望。在曼联，没人可以高于球队，就算是贝克汉姆也不行。弗爵爷秉持着严肃认真的做派，葡萄牙人则追求华丽与掌声，以及为了胜利不择手段。

　　2006 年夏天，C 罗代表葡萄牙去踢了世界杯。在此之前，他得了个奇怪的荣誉：某荷兰同性恋杂志评选他为世界杯最性感球员。在 2004 年欧洲杯时，他就已经被此杂志盯上了。

　　葡萄牙对伊朗一战，21 岁 132 天的 C 罗一个点球破门，成了葡萄牙队史上最年轻的世界杯决赛圈进球者。1/8 决赛对阵荷兰，他被铲伤，但神奇地恢复了，出战 1/4 决赛，对手正是英格兰。

2006 年世界杯小组赛，C 罗庆祝进球

比赛中，C罗的曼联队友鲁尼踩了葡萄牙后卫里卡多·卡瓦略。C罗向阿根廷裁判埃利松多抱怨个不停。裁判对鲁尼出示红牌，将其罚下。随后，C罗回头朝葡萄牙替补席眨眨眼——镜头捕捉到了这一切，呈现在了英格兰球迷眼前。

C罗示意裁判给鲁尼红牌

C罗传奇

失去鲁尼后，英格兰还是将葡萄牙拖入了点球大战。C罗射进制胜点球，淘汰英格兰。赢球后，C罗抬手向天——据他说，这是献给故去的父亲的。

可是，英格兰球迷当然不肯答应。葡萄牙在之后的半决赛中0比1输给了法国，可是英格兰球迷依然在愤怒。弗爵爷试图保护自己的队员，说鲁尼被罚下与C罗无关；阿根廷裁判埃利松多赛后说，即便C罗不去跟他说什么，他也要罚下鲁尼。

但英格兰球迷只在意C罗的行为：C罗在英格兰踢球，C罗是曼联的7号，C罗是鲁尼的队友，但为了让葡萄牙击败英格兰，他竟然去向裁判施压罚下鲁尼！他甚至还朝替补席使眼色！英格兰球迷怒吼：这个不择手段、狡猾卑鄙的葡萄牙人！

身为当事人，鲁尼反而相对冷静，并在赛后提醒C罗，英格兰球迷会向他倾泻怒火。

是的，1998年世界杯，曼联7号贝克汉姆被红牌罚下，后来英格兰被阿根廷点球淘汰，英格兰球迷骂了贝克汉姆好几年。C罗作为新一任曼联7号，让英格兰吃了张关键红牌，导致英格兰被葡萄牙点球淘汰，他会被山呼海啸地追骂。弗爵爷表示，他会支持C罗扛过风浪，但最终还是得看C罗自己。

这本该是C罗最艰难的时候了：一年前他失去了父亲，一年后他要面对英格兰球迷的愤怒。范尼指责他的踢法导致曼联三年无冠。他该怎么办？

然而，如加里·内维尔所说，每当遇到困难，C罗就能奋起。

起飞 05

2006—2007赛季英超首轮，曼联5比1击败富勒姆，C罗和鲁尼都进球了，还一起庆祝了进球，仿佛是在专门向外界宣布："我们之间没事！"

2006年夏天，C罗的肌肉与心灵都经历了成长。他训练时异常凶猛，让加里·内维尔抱怨自己得赶紧退役了，不然就得累死。

担任切尔西主教练的葡萄牙人若泽·穆里尼奥一直对英国媒体抱怨C罗的假摔，但这不妨碍C罗的进球数开始猛增。C罗与一线队教练勒内·梅伦斯汀增加了一对一训练，梅伦斯汀教会了他：要让自己更加难以预判，要提高团队合作能力，要学会要球、主动跑位，而不是等着拿球，打进一些花里胡哨的漂亮进球。

C罗开始简化自己的踢法，进球随之而来。2006年12月，对阵阿斯顿维拉、维冈竞技和雷丁，他连续三场进球，并得到了11月和12月的英超最佳球员奖。

当然咯，他并没放弃偏执与爱美的那一面。曼联训练时，有一个常见玩法：抢圈。一个球员在圈里争抢拦截，周围的球员争取一脚出球传递。大多数曼联球员都用简洁明快的脚法出球，C罗却从来到曼彻斯特的第一天就试图玩弄些花式。一开始，老大哥们看不上这些年轻人的花式。但随着C罗的努力，越来越多的球员开始承认：

"也许这小子的套路有几分道理。"

曼联5比1大胜纽卡斯尔，C罗和鲁尼激情庆祝

C 罗庆祝进球

　　2006—2007 赛季，曼联拿下了英超冠军。鲁尼为曼联首发 33 场，射进 14 球，贡献 11 次助攻；C 罗为曼联首发 31 场，射进 17 球，贡献 8 次助攻。范尼不喜欢这对双子星，但这两个年轻人没有因为 2006 年世界杯的红牌反目成仇，反而真正扛起了曼联。C 罗当年包揽了 2006—2007 赛季英超所有最佳奖项。欧冠路上，曼联也走到了半决赛，最终他们输给了意大利的 AC 米兰。比 C 罗年长 3 岁的巴西天才卡卡，在两回合比赛中统治了曼联。AC 米兰之后将拿下 2007 年欧冠冠军，卡卡将拿到 2007 年金球奖。

　　2006—2007 赛季，C 罗单季打进 23 球，贡献 14 次助攻。经纪人豪尔赫·门德斯以此向曼联索要一份新合同，他认为 C 罗该得到 12 万英镑的周薪。

不过，也有人认为，C 罗过于严肃，过于热切了。据说，有位边线裁判跟他打趣："希望你多笑笑。"

2007 年夏天，多洛雷斯患了乳腺癌。对两年前刚失去父亲的 C 罗而言，这是个巨大的打击。但神奇的是，在如此巨大的压力下，C 罗反而迎来了职业生涯中最好的赛季。他将外界给的压力全部转化为高强度的训练，他对克雷格说：

"这些训练量还不够，我需要更多！"

与此同时，弗爵爷开始了神奇的转换。

在此之前，曼联的招牌 442 踢法持续了好些年，其关键便是经典的被认为是完美中场教科书的四人组配合：

——队长罗伊·基恩强硬的拦截能力以及优秀的调度；

——左边锋瑞安·吉格斯在欧洲首屈一指的带球推进能力；

——保罗·斯科尔斯出类拔萃的插上意识和远射能力；

——贝克汉姆卓越的 30 米长传与传中。

四大王牌都有一脚出球的停球与传球技巧，都有聪明的策应跑位。

尤其值得一提的是贝克汉姆。他曾被贝斯特批评："贝克汉姆左脚不行，不会头球，不会铲球，进球也不多——除此之外，他还不错。"许多人觉得贝克汉姆也就是拥有一脚出色的任意球，有一招圆月弯刀式的右侧传中。但贝克汉姆真正的价值，是他精准得不可思议的中长传，是他无休无止的跑动和阅读比赛的能力，以及他的停球、跑位与一脚出球。

贝克汉姆离去之后，曼联没买到小罗——小罗去了巴塞罗那，于是曼联的中场控制力变弱。再加上基恩的老去，曼联的拦截能力和长传都已不如巅峰时期。曼联后续引进的球员，都没法提供贝克汉姆的长传、传中与流畅的带球推进，所以范尼在禁区里得不到足够的传球。这才是曼联此前三年没有拿到冠军的原因，而非许多曼联球迷自欺欺人念叨的："C罗来了之后，就拿不到冠军了！"

弗爵爷在试图改变，他引进的鲁尼与阿兰·史密斯，都是可以不依赖传球，自行拿球转身的进攻人才，但中场的减弱，让中场支持前锋的442阵型无法收获成效。于是2007—2008赛季，弗爵爷试了一个新招：

23岁的阿根廷前锋、"野兽"卡洛斯·特维斯来到了曼联。他只有171厘米高，但下盘沉稳，带球伶俐，冲击力凶猛。弗爵爷用171厘米高的特维斯与176厘米高的鲁尼组成了锋线；187厘米高的C罗则在右翼，而且C罗才是主攻。

奇怪吗？也不奇怪。

弗爵爷一向认可C罗的头球。2004年欧洲杯，C罗就进过两个头球。奎罗斯也认为C罗适合担当进攻箭头。穆里尼奥则早说过，C罗像"范巴斯滕的儿子"。

曼联试过让C罗担当9号位或10号位，但他不喜欢，他不喜欢原地停球、转身、等传球，不喜欢在禁区前沿等球担当支点。的确，让如此华丽又迅猛的他当一个站桩中锋，确实太浪费了。菲尔·内维尔指出，C罗并不想固定在中锋位置。他不想成为范尼，等别人传球。

弗爵爷卖掉了范尼，也不再要求有个固定的中锋。他让特维斯和鲁尼两个灵活机变的前锋在前方游弋，拉开禁区中路，然后寻找一个可以从边路冲刺直取禁区的杀手，错位进攻。

　　2007年夏天，曼联的基本看法是：C罗的确像乔治·贝斯特，能用各种华丽手段射门，他不是单纯的抢点型射手。当然，此前一年，C罗已经在雕琢他的跑位、抢点与技术细节了。在弗爵爷的构想中，鲁尼与特维斯将空间拉开之后，C罗就可以发挥他的优势：

　　刚硬强健的身体，跑不死的体能，反复冲刺的能力，20米内的爆发冲刺，多变的射门脚法——完美。

C罗、鲁尼、特维斯忘情庆祝

盘带中的 C 罗

　　曾经里斯本竞技希望 C 罗能兼顾边路和中路，曾经奎罗斯教练相信 C 罗到 30 岁时能成为一个真正的杀手，而这一切，在 2007—2008 赛季，C 罗 23 岁时实现了。

　　他年少时就拥有华丽的单车过人和边路突击技术，但 23 岁时，他发现了自己的真正宿命：冲刺、弹跳、抢点和临门一击。

　　他从一个优秀的突击手，开始向史上最强终结者变化。

2007 年底，AC 米兰的巴西天才卡卡得到金球奖，C 罗票选第二，巴塞罗那的梅西第三。当时 C 罗和梅西，以及得奖的卡卡，当然不知道此后 10 年里，金球奖会成为两个球员的私人收藏。

2007—2008 赛季，C 罗开始了山呼海啸的进球浪潮。2007 年 9 月 19 日的欧冠小组赛，面对旧主里斯本竞技，他进了球。接着在主场对阵维冈竞技的英超比赛中，他进了 2 个球。没过多久，欧冠小组赛，面对基辅迪纳摩，他又收获 2 个进球。英超第 13 轮，面对布莱克本，他再次收获 2 个进球。2007 年 12 月，6 场比赛，他进了 7 个球。2008 年 1 月 12 日，英超第 22 轮，曼联主场对纽卡斯尔联，他上演帽子戏法。2008 年 3 月 19 日，对阵博尔顿，他打进赛季各类比赛第 33 个进球，是为曼联的单季新纪录：此前，1967—1968 赛季，同样身穿曼联 7 号球衣的贝斯特创下的单季纪录是 32 球。

当然，那一年，贝斯特拿了欧冠冠军。C 罗能做到吗？

2007—2008 赛季，C 罗打进 31 个联赛进球，拿到了欧洲金靴奖。这 31 个球里包括 9 个头球，但他最漂亮的头球，是在欧冠赛场上打出的。2008 年 4 月 1 日，欧冠 1/4 决赛首回合，曼联对罗马。比赛中曼联施展漂亮的换位，斯科尔斯到右侧起球传中，然后，根据加里·内维尔的描述，

C 罗传奇

他看到 C 罗高高跳起，仿佛 NBA（美职篮）中的飞人迈克尔·乔丹。

当然咯，乔丹比 C 罗高 11 厘米，起跳时经常可以让头部超过 3 米高；C 罗自然不是乔丹那样的飞人。但据说那时他腾空而起，头部高度也已经到 2.6 米开外了。更可怕的是，他的弹跳与平衡能力，能让他做出不可思议的动作：他站在点球点附近，离球门有 10 米左右远，居然能甩头攻门。球如炮弹般轰然入网——球射进时，C 罗还悬在半空。

这是不可思议的一球：不是华丽优美的，而是凶猛刚劲的。这是 C 罗当季各类比赛的第 36 个进球。

之后的半决赛，曼联遇到了巴塞罗那。C 罗在比赛中射丢了一个点球，但斯科尔斯的进球让曼联幸运地晋级。C 罗跨过了小罗，而这也是小罗在巴塞罗那的最后一场欧冠比赛。

同时，这也是 23 岁的 C 罗与将满 21 岁的梅西的正式相遇。那时他们自然不知道，这只是一段漫长对决的开始。

2008 年 5 月 11 日，英超最后一轮，曼联击败维冈竞技夺冠。

欧冠决赛在莫斯科进行，由曼联对阵切尔西。此前的半决赛，切尔西安排了中场迈克尔·埃辛客串右后卫。弗爵爷将此事记在心里。在决赛中，弗爵爷大胆地让 C 罗担当左边路，对位埃辛。弗爵爷认为，在大赛中让大将客串不适合的角色，必然会让球队付出代价——他就是要让切尔西付出代价。

事实上，弗爵爷这个变阵成功了。

C 罗头球破门，打进赛季各类比赛第 42 球。当曼联后卫维斯·布朗传中给 C 罗时，对面的迈克尔·埃辛甚至没起跳——他大概觉得，这球

梅西和 C 罗第一次交手

的高度没人够得到。然而，C 罗却够得到。

随后，切尔西名将弗兰克·兰帕德进球，1 比 1。之后弗爵爷将鲁尼推到右路，略微改善了局势，然而比赛还是被拖入加时，随即被拖入点球大战。弗爵爷大感不妙——这场比赛前，他带领的球队在点球大战中 1 胜 6 负。

接着，噩运果然出现。

C罗为曼联第三个射点球。助跑到一半，他停了停，然后出脚——球被切尔西的守门员彼得·切赫扑出来了。

那一瞬间，切尔西离冠军很近很近。之后，只要队长约翰·特里进球，切尔西就夺冠了！C罗将成为曼联输球的罪人！

弗爵爷后来说，他当时已经在思考该跟球员们说什么了。他叮嘱自己，输掉欧冠决赛后，不可向球员们大发雷霆，不然就太残忍了。

然而，特里射丢了点球。

随后，切尔西的法国人阿内尔卡也射丢了点球。

曼联的荷兰门神范德萨举臂怒吼！曼联赢下了决赛，拿下了2008年欧冠冠军——在曼联空难50周年之际，在他们失去贝克汉姆5年之后。

C罗则收获了圆满的赛季：他得到了欧冠冠军，他成了欧洲最卓越的射手，他在决赛中首开纪录并赢到最后。

但赢球后，他没有和队友拥抱庆祝，而是自己在中圈以脸埋地：似乎在那一瞬间，他还在想他射丢的那个点球；在那一瞬间，他也许又变成了马德拉的那个少年，一旦不如意，就会想哭。

好在这一次，谢天谢地，球队没有因为他而输掉——他赢得了冠军。

可不喜欢他的媒体自然又有话说了：这个葡萄牙人啊，心里只有自己。

C 罗传奇

2007—2008 赛季欧冠决赛，曼联战胜切尔西夺冠，赛后 C 罗手捧奖杯庆祝

另一个
舞台

06

2007 年 2 月 4 日，葡萄牙足协主席卡洛斯·席尔瓦逝世。第二天，C
罗迎来了 22 岁生日。又过了一天，2 月 6 日，在葡萄牙对巴西的一场友
谊赛上，C 罗戴着国家队队长袖标出战了——那是席尔瓦先生生前的想法。

2008 年随曼联拿下欧冠冠军后，C 罗跟着葡萄牙国家队参加了 2008
年欧洲杯。这一次，他不再是 17 号了——菲戈隐退，C 罗在国家队也穿
上了光荣的 7 号球衣。

2008 年欧洲杯预选赛，C 罗打进 8 球，但欧洲杯正赛，他只在对捷
克一战中进过球。葡萄牙媒体提到了一个细节：对捷克一战伤停补时阶段，
C 罗给夸雷斯马助攻了 1 球。"他肯给他不喜欢的队友传球了！"

葡萄牙被德国淘汰，结束 2008 年欧洲杯之旅后，斯科拉里教练下课，新上任的主帅正是曼联前助教卡洛斯·奎罗斯。奎罗斯教练立刻让 C 罗担任了葡萄牙国家队队长。

爱哭的海岛少年，漂洋过海来到欧洲大陆，来到英国，接着经历父亲去世，母亲患乳腺癌，而他自己却随曼联抵达欧洲之巅，在 23 岁成为葡萄牙国家队队长。

到此为止，真是灿烂的传奇。

但充满戏剧性的故事还没完呢!

早在 2003 年，皇马刚买下贝克汉姆，便已经对 C 罗表现出兴趣。2005 年，皇马主管足球事务的何塞·安赫尔·桑切斯就提出想得到 C 罗。

不过，这个计划被搁置了：2006 年 2 月，此前以创纪录高价买菲戈、买齐达内、买罗纳尔多、买贝克汉姆，组建"银河战舰"的皇马老大弗洛伦蒂诺遇到了麻烦，不得不让位给拉蒙·卡尔德隆。卡尔德隆觉得，自己也该给皇马的伯纳乌球场带来一些响亮的名字，以媲美"银河战舰"，讨好马德里球迷了。

2008 年夏天，当世最红的球星是谁呢? 西班牙的《马卡报》和《阿斯报》都提到了一种梦想：

C 罗传奇

" 把 C 罗买来皇马？ "

C 罗举杯庆祝

全世界都知道皇马的魅力，弗爵爷尤其心知肚明：5 年前，他刚失去贝克汉姆。2008 年夏天，曼联向国际足联抱怨，希望皇马不要纠缠 C 罗。可是皇马是足球界的天潢贵胄、白马王子，其他俱乐部可以不理会他们的交易请求，但架不住球员自己心里痒痒。

经历了 5 年之前的贝克汉姆一事，弗爵爷已经没了当初那强烈的控制欲。他也知道，自己不能再飞起一脚，把球靴踢到 C 罗脸上了。当外界热炒皇马追求 C 罗的新闻时，弗爵爷问奎罗斯："我们还能留住 C 罗多久？"

奎罗斯回答："如果你能用他 5 年时间，就已经赚了。从来没哪个葡萄牙球员 17 岁出国踢球，还能在球队待 5 年。我们能用他 5 年，已经赚爆了。"

于是，弗爵爷跟 C 罗认真谈了一次，向 C 罗表达了如下意思：

2008 年夏天，曼联不能放 C 罗走，"我宁可崩了你，也不能放走你"。毕竟，如果皇马一表达好感，弗爵爷就折腰放行，则弗爵爷与曼联势必从此声名扫地。大家都会知道曼联软弱可欺，曼联球员自己也会觉得"只要我们说一声，曼联就会放我们走"。无论从哪个角度来说，曼联都需要 C 罗留下来，但不必永远留下来。

弗爵爷的意思是：如果 C 罗接下来一年表现得足够职业，并且皇马确实肯给创世界纪录的让曼联无法拒绝的转会费，那么 C 罗可以走。这样的姿态对 C 罗，对曼联，对皇马，都有讨论余地。

这大概意味着：

"别把事情搞得太难看，咱们可以好聚好散。"

C罗接受了，但英国媒体按捺不住了。此前，C罗毕竟是曼联球员，英国媒体还会留三分情面；如今知道C罗可能去皇马，英国媒体便开始进行各色攻击。2008年欧冠决赛，C罗右脚带伤，欧洲杯后他做了手术，休息了六周，许多英国媒体便说他想逃避责任。之后2008—2009赛季联赛开打，曼联对斯托克城，C罗以1个任意球打进自己代表曼联的第100球，但英国媒体的反应不阴不阳。2009年4月，曼联对阿斯顿维拉，C罗打进2球，让曼联3比2取胜，但自家球迷甚至开始给他嘘声。

　　"不是真的罗纳尔多！"

　　"不要留在曼彻斯特！"

　　诸如此类的声音。

C罗获得2008年金球奖

在赞美与嘘声中，C 罗得到了 2008 年金球奖：前一年，他在这个奖项的评选中排名第二，仅次于卡卡；这一年，他第一了，排名第二的则是梅西。

我们已经提了许多次金球奖，再说一次吧：

金球奖，法语为"Ballon d'O r"，是由法国杂志《法国足球》设立的一个奖项，从 1956 年开始颁奖，一年一度，颁给当年的顶尖球员。选择范围曾经是欧洲籍球员，但从 1995 年开始，范围放宽到效力于欧洲足球俱乐部的球员。事实上，金球奖也因此成了在欧洲踢球的球员的年度最佳球员奖。在 2008 年 C 罗得奖前，葡萄牙只有菲戈与尤西比奥两位前辈得过奖。曼联史上只有丹尼斯·劳、博比·查尔顿与乔治·贝斯特得过奖。所以，2008 年 C 罗作为一名葡萄牙球员得到金球奖，委实是传奇的荣耀——尤其是他和乔治·贝斯特都身披曼联 7 号战袍。之后，C 罗更是当选国际足联世界足球先生。

所以咯，2008 年，他是年度世界足球之王。

然而，英国媒体没有因此放过他，连曼联内部都开始有批评声。吉格斯、斯科尔斯等老曼联名将都若有意若无意地赞美鲁尼，认为他的无球跑位、策应与组织对曼联的进攻意义重大。加里·内维尔则提出，2008—2009 赛季，C 罗似乎忘记了自己在此前一季是如何靠无球跑位与团队合作打进 42 球的。内维尔认为，可能是巴塞罗那的阿根廷天才梅西穿上了罗纳尔迪尼奥留下的 10 号球衣正强势崛起，C 罗为之不爽，于是开始做一些更任性的事情，以便与梅西竞争。或者，用讨厌 C 罗的英国

望向球门的 C 罗

媒体的说法形容就是：

"C罗更自私了！"

2009年初，西班牙和英国的大媒体都在传，说一切已经尘埃落定，C罗即将在夏天去皇马了。卡尔德隆主席志得意满，毕竟搞定C罗，就是他的伟大成绩。但劲敌弗洛伦蒂诺·佩雷斯——当初带走贝克汉姆的那个人——对卡尔德隆发起了进攻：2009年1月16日，卡尔德隆下台，不再担任皇马主席。如此，皇马购买C罗的打算也可能搁浅。弗洛伦蒂诺乘胜追击，宣称买下C罗会让皇马陷入经济困难，还是别买了吧！

于是，皇马似乎准备撤退了，C罗可能要留在曼联了？

接着，出现了一段流言，说巴塞罗那也打算竞逐C罗，甚至可能肯为了C罗砸下一亿欧元！

再接着，新的流言蜚语来了：皇马还是决定全力竞逐C罗。不只是为了得到C罗，也是为了重振"银河战舰"的威名。而最重要的，是不能让C罗落入皇马死敌巴萨的手里。有一个传言，说当时皇马内部有如此的声音：

"如果巴萨得到C罗，那皇马未来10年就得不到冠军了！"

C罗继续为曼联进球。2009年欧冠1/4决赛次回合，曼联客场对葡萄牙的波尔图，C罗40米外一脚远射将球打进。里奥·费迪南德先骂了一句："你干啥？"下一秒，他才反应过来："好球！"这一球，让C罗得到了2009年度的普斯卡什最佳进球奖。C罗自己也满意至极，认为那是他的杰作。

　　　　　　　　　　　　　　　　　　　　　C罗传奇

这个赛季，他只进了 26 个球，不如前一季的 42 球。他的情绪似乎也不算好。2009 年 5 月 10 日，在老特拉福德球场，面对曼城，他射进了 1 个任意球。然而下场时，他将毛巾甩在地上。

用弗爵爷的原话形容，他依然是"当世最好的反击者"。2009 年欧冠半决赛，曼联对阿森纳，弗爵爷说有个进球他毕生难忘：曼联启动反击，C 罗用脚后跟把球磕给韩国球星朴智星，随后 9 秒内狂奔杀进阿森纳禁区，接应队友的传球把球打进。此前，弗爵爷不断告诫 C 罗："朝着球门奔袭时，要把步幅迈得更大。"他希望 C 罗加大步幅，放慢速度，保持射门准度。C 罗做到了，但并没有放慢速度、影响准度。

2009 年 5 月 27 日，欧冠决赛，连续第二年闯进决赛的曼联遇到了新兴的巴萨。前一年，曼联越过巴萨后拿下了欧冠冠军。这一年，仇人重逢。

而对全世界而言，更重要的是：C 罗遇到了梅西。

开场后，曼联右路用朴智星狂奔突破，左翼则依靠长传球寻找韦恩·鲁尼。巴萨控制了中场：曼联老球星、曾经欧洲最锐利的左路突破手威尔士人吉格斯每次接到球都找不到突破机会，只好横传。C 罗偶尔回撤接球，随后启动一对一：远射，摔倒。疾风快马，洒脱利落，他打出了一记任意球威胁巴萨球门。

但巴萨很快找到了感觉。第 10 分钟，前锋埃托奥扑向曼联后卫内马尼亚·维迪奇，后者在梅西与埃托奥之间站位混乱，让埃托奥找到前插机会，一扣，一射，曼联身高 197 厘米、号称当时世界上脚法最好的荷兰门将艾德文·范德萨身体急速下沉，可球还是从指尖下弹了进去。

巴萨 1 比 0 领先。

赛后，巴萨主帅佩普·瓜迪奥拉说：

"当我们必须逼出去朝对手施压时，我发现了我们的弱点：我们承受不起前场丢球这样的错误。"

2009 年欧冠决赛，曼联对阵巴塞罗那，这是 C 罗为弗爵爷的曼联所踢的最后一场比赛

C 罗传奇

要抵挡曼联那万马奔腾的进攻，最好的方式是釜底抽薪的多控球。巴萨很好地利用了梅西：他在中路靠后的伪9号位置，曼联不敢对他稍有轻忽，埃托奥得以乘虚而入。

也因为梅西的牵制，伊涅斯塔打出了堪称巴萨全场最佳的表现。他拥有不下梅西的细密带球技术，不断滑冰一般地溜向曼联禁区。哈维一刻不停地移动、传球，有时和队长普约尔心有灵犀地互望一眼，挑一脚长距离地滚球。可是，他们在前场盘旋时，曼联就是不敢扑出来。

梅西一直在中路游弋，偶尔接一脚球，就要面对两到三个人的封堵。上半场，他每次切入禁区，都没有选择变线向右，而是向左传球给亨利，或是一个加速向禁区角扑去。中路靠右位置，伊涅斯塔不断穿刺，偶尔和普约尔做配合。他经常在哈维靠前一点的位置拿球，传递。因为有了他的牵制、干扰、威胁，球就反复在曼联禁区"三人墙"面前穿插。

赛后弗爵爷感叹：

"我觉得哈维和伊涅斯塔这辈子都没传丢过球。他们把你拉上旋转木马，让你头晕目眩。"

弗爵爷本计划让C罗寻找传球空间，特维斯则前插后找机会射门。但他俩，用弗爵爷的话说，"只用眼睛防守"，以至于半场结束时，弗爵爷去更衣室呵斥：

"你们就是来看球的，完全没有反击！"

然而，不是曼联不努力，是巴萨的传切太让对手疲于奔命了。

起脚射门的 C 罗

比赛第 70 分钟，曼联球员的体力开始下降。哈维盘带推进。曼联禁区正面又是"三人墙"，亨利和埃托奥牵制着曼联球员的注意力。哈维望了一眼，送出一脚轻柔的传球。

梅西起跳，一个头球轻点，球越过曼联门将范德萨的手指，2 比 0——巴萨击败曼联，拿下 2009 年欧冠冠军。

巴萨 4 年里第二次、队史上第三次获得欧冠冠军，并由此成了西班牙足球史上第一个三冠王。哈维被评为当场最佳球员，鲁尼则认为伊涅斯塔是"世界上最好的球员"。弗爵爷潇洒地表示："更好的球队赢了，巴萨踢得好。"

这是梅西登顶欧洲足坛的一战。这一年，梅西各类比赛合计 51 场共射进 38 球，拿下三冠王，个人表现与集体荣誉都臻于完美。接下来，他将力压 C 罗拿到 2009 年的金球奖。

而这也是 C 罗为弗爵爷的曼联所踢的最后一场比赛。

2008 年，曼联越过巴萨，击败切尔西拿下欧冠冠军，C 罗获得金球奖。

2009 年，巴萨击败曼联拿下欧冠冠军，梅西得到金球奖。

他们还会重逢——只是，C 罗将不再是曼联 7 号了。

2009 年 6 月 11 日，皇家马德里宣布：他们以创世界纪录的 9400 万欧元买下了 C 罗。至此，C 罗自 2003 年加盟曼联后，为曼联踢了 6 个赛季，拿了 9 个冠军，293 场比赛打进 118 个球——其中 91 个进球集中在后 3 个赛季。

酝酿了一个赛季的大戏，终于落下帷幕。一直挑剔 C 罗的英国媒体一时也找不到新话题了，曼联的老将们则各自唏嘘。到了这时候，大家似乎开始念叨起 C 罗的好来。加里·内维尔认为，C 罗虽然走了，但他心里有曼联，毕竟曼联给了他稳定和安全感。4 年之后的 2013 年，曼联新主帅大卫·莫耶斯认为 C 罗早晚会回来。

就在这次转会前 10 天，弗洛伦蒂诺回到了皇马主席的位置上。如此一来，他得以坐享其成：卡尔德隆本来想买下 C 罗，作为自己的伟大成绩；但如今卡尔德隆下台后，他翻云覆雨，让签下 C 罗成了他的成绩。曾经拿下贝克汉姆的他，又一次拿下了 C 罗。拿下两代曼联 7 号，都是他的成绩。

弗爵爷认为，这豪阔的出手正是弗洛伦蒂诺的姿态——“我们是皇马”。

当然啦，叛逆少年总想走远一点，而皇马又的确是足球界的巅峰。

就像贝克汉姆当初去了皇马这个更大的舞台一样，C 罗也走了这条路。两个为曼联拿了欧冠冠军的 7 号，都被加里·内维尔评为“他们都不只是简单的足球运动员，他们必然会跨过这个界限，成为真正的明星”。

多年以后，弗爵爷回顾 C 罗的曼联生涯，如此总结：

哪怕 C 罗踢了一场糟糕的比赛，他也能创造出 3 次机会。在堆积如山的比赛录像带中，找不到一场比赛，C罗没创造3次机会。

他所有的优点：力量、勇气、双脚技术和头球。

"C罗是我执教过的最有才华的球员。"

马德里，
我在这里！

07

皇家马德里足球俱乐部成立于 1902 年 3 月 6 日，最初叫马德里足球俱乐部。

当年皇马球衣选择全白，据说是模仿英国的科林西安。1917 年，西班牙国王阿方索八世将这支球队冠以 "Real"（皇家）之名。1920 年，球队正式改名为皇家马德里。1947 年，球队启用了可以容纳 81,044 名球迷的伯纳乌球场。

1953 年，传奇开始：27 岁的意大利裔阿根廷名将 "金箭头" 阿尔弗雷多·迪·斯蒂法诺来到皇马，立刻带队拿下两届联赛冠军。1956 年，斯蒂法诺率领皇马在首届欧冠中打进决赛，并以 4 比 3 击败兰斯，拿下冠军。次年，在伯纳乌球场，皇马依靠 "当世最快的球员" 队长弗朗西斯科·亨托的进球，2 比 0 击败佛罗伦萨，蝉联欧冠冠军。1958 年，皇马再次打进决赛，对阵意大利的 AC 米兰，一度 0 比 1 落后，但斯蒂法诺追平比分，双方拖入加时赛。据说加时赛开打前，斯蒂法诺对亨托说："我们这帮人差不多累垮了，他们还有力气。你是我们中间唯一看上去还有体力的，所以要么你为我们赢得比赛，要么我们就把奖杯丢下，空手回家。"最终，亨托果断地打进了制胜一球，让皇马 3 比 2 获胜。

接着，匈牙利巨星普斯卡什·费伦茨加盟皇马，他与斯蒂法诺被认为是当时世界上最好的球员，二人联手自然所向无敌。1959 年，皇马击败兰斯，再夺欧冠冠军。

1960 年的欧冠决赛，普斯卡什射进 4 球，斯蒂法诺射进 3 球，皇马 7 比 3 击败法兰克福，完成了空前绝后的"欧洲五连霸"。对全世界球迷而言，这是时代传颂的神话。当时，尚且年轻的弗爵爷甚至也为此目眩神驰。

斯蒂法诺从来没在世界杯舞台上扬名立万，但许多球迷仍会将他与巴西球王贝利、阿根廷球王迭戈·马拉多纳、荷兰飞人约翰·克鲁伊夫并列。他参加的五次欧冠决赛，都至少打进 1 球。他奔走如飞，精力无限，技术全能，是永远的领袖。而普斯卡什则是 1954 年带领匈牙利拿下世界亚军的天才，虽然会被时人诟病过于肥胖，但不妨碍他施展精准的脚法。有一个传说：斯蒂法诺每次传出威胁球给普斯卡什后，就会自顾自地跑向观众席，因为他确信普斯卡什会进球，而他只要和观众一起庆祝就够了。毕竟，如斯蒂法诺所言："普斯卡什的左脚比我的手还要灵活。"他们，加上皇马的队长亨托，再加上法国中场雷蒙·科帕，都是那个时代的神话。

由于传奇的过往如此恢宏，皇马的后来者都承继了这份光荣。他们认为皇马代表着完美，不仅要胜利，还要赢得灿烂辉煌。曾跟随阿根廷国家队陪伴马拉多纳拿下 1986 年世界杯冠军的名将豪尔赫·巴尔达诺是皇马的传奇球星，后来担任了体育部主任，他认为皇马就像一部劳斯莱斯豪车，即便在车库里尘封了 30 年，经过重新喷漆、上光，也还能重新上路，而且仍是世界上最好的车。

1998 年，皇马经过漫长的沉寂，拿到了欧冠冠军。2000 年，弗洛伦蒂诺花 6000 万欧元从巴萨挖来了路易斯·菲戈。2001 年，弗洛伦蒂诺买来了欧洲第一大师齐达内。2002 年欧冠决赛，齐达内用一脚天外飞仙的凌空左脚射门，让皇马再次拿到欧冠冠军。接下来，便是 2002 年的罗纳尔多和 2003 年的贝克汉姆，"银河战舰"成形。弗洛伦蒂诺·佩雷斯认为，自己这种豪华大气的做派，才真正能承继皇马的光荣。

弗洛伦蒂诺生于 1947 年，毕业于马德里理工大学，本行是个土木工程师。他总是穿蓝西装，万年不变。许多人开玩笑，说他有上千件相同款式的西装。这个段子是为了笑他传统古板，毫无情趣。他身处西班牙这烂漫的国度，却滴酒不沾。他生活极为节制，曾称："何必让你的生活变复杂呢？"他是个好丈夫，是三个孩子的好父亲。据他妻子说，他唯一的缺点是"担任皇马的主席"——因为他是个除了睡觉，随时都要工作的工作狂。

1983 年，弗洛伦蒂诺以 1 比塞塔①的价格买下了一家破产的小型建

①西班牙及安道尔在 2002 年欧元流通前所使用的法定货币，1 比塞塔相当于人民币 6 角钱。——编者

筑公司。20 年后，弗洛伦蒂诺让这家建筑公司获得巨大成功。在西班牙，这简直不可思议。许多西班牙人讨厌他，认为他勤奋、冷漠、简朴又冷酷，像个英国人，甚至像个美国资本家。然而，这一切并不妨碍他取得成功。就在他买下贝克汉姆的 2003 年，他还让自己的 ACS 集团发展成欧洲第三大建筑联合企业：公司年收入 120 亿欧元，雇员 10 万人，在 70 个国家开展业务。

　　所以，对弗洛伦蒂诺而言，花大价钱买菲戈、买齐达内、买贝克汉姆是合理的。他习惯了做大生意，建造恢宏壮观的建筑。他认为齐达内、罗纳尔多、菲戈和贝克汉姆的足球技艺，都可以是当代艺术品。弗洛伦蒂诺无视各种媒体谈论"足球的规律"，他认为足球就是"把全世界最伟大的球员都买来"，然后创造宏大的幻觉，获得巨大的利益，进而回报投资。他甚至用过"传递福音"这样的说法：他要把皇马变成一个梦剧场，让皇马全球化。热情、梦想、期待、梦幻，皇马可以是足球界的好莱坞。皇马可以让每场比赛都变成一部大片：齐达内的舞蹈，罗纳尔多的奔驰，菲戈的技术，贝克汉姆的长传与任意球……最后，全世界都会爱上皇马：壮丽、机智、勇敢、灵巧、不懈。弗洛伦蒂诺认为，这就是他"忠于皇马传统"的方式。

　　值得一提的是，弗洛伦蒂诺的左右手何塞·安赫尔·桑切斯，曾经是世嘉游戏公司的工作人员，他认为足球与电子游戏有类似之处：给球迷提供代入感，以及现实生活中无法触及的壮丽场面。他要求所有的合作方都意识到皇马的宗旨：皇马不像意大利或德国的豪门，要求比赛条

C 罗和卡卡齐聚伯纳乌

理清晰，战术明确，结果至上。皇马要让球迷觉得，看一场比赛是视觉盛宴，是壮观场面，是现代艺术，是表演，是最高级的享受。桑切斯更直白地将这一点传递给了外界：皇马本质上类似于电影公司，"我们要为球迷呈现一部由巨星主导的电影"。

2009 年夏天，皇马又一次启动了"银河战舰"。弗洛伦蒂诺当时算过一笔账，据说皇马的球迷贡献了当年皇马四分之一的收入，市场营销方面则贡献了超过三分之一的收入——所以要满足球迷，也要买一些提升皇马商业价值的巨星。2009 年夏天，皇马在转会市场上累计砸下了 2.54 亿欧元。

2007 年金球奖？卡卡。
皇马买来了。
2008 年金球奖？ C 罗。
皇马买来了。

卡卡比 C 罗大 3 岁，1982 年出生在巴西首都巴西利亚。

他生在中产家庭，成长过程中没有什么惨淡故事。他受过的唯一歧视是 17 岁时，因为身材高挑瘦弱，他被教练怀疑不能踢职业足球。

2000 年，就是 C 罗做心脏手术的那一年，卡卡也经历了惊悚时刻：那一年他 18 岁，在游泳池里弄伤了脊椎。医生怀疑他再也没法走路，遑论踢足球了。可是一年后，他活蹦乱跳地成了足球明星。他觉得是上帝在宠爱他，每次进球，他都要双手举天，感谢上帝。据说，他最喜欢喝的饮料是水，最喜欢的书是《圣经》。2003 年，他来到 AC 米兰后，立刻扬名天下。2007 年，他作为 AC 米兰的王牌，带着 AC 米兰拿下了欧冠冠军，他自己则拿到了 2007 年金球奖。他的巴西教练范德雷如此形容他："巴西人的技术，欧洲人的力量。"

C 罗传奇

而英格兰媒体则说 C 罗有着"葡萄牙人的花式，英国人的体格"。

真有趣。

2009 年 7 月 6 日，C 罗在伯纳乌球场见到了皇马球迷。仅仅是一次见面会，还不是球赛本身，就有 8 万球迷到来。

只有一点不算完美：曾身披曼联 7 号球衣，此时又是葡萄牙国家队 7 号的 C 罗，没得到皇马的 7 号球衣。因为皇马的 7 号球衣归功勋前锋劳尔·冈萨雷斯所有，C 罗在皇马的第一个赛季只能穿 9 号球衣。但那天皇马的排场过于宏大：C 罗的前辈、1965 年金球奖得主、葡萄牙的传奇"黑豹"尤西比奥，以及皇马队史第一人斯蒂法诺都来了。斯蒂法诺鼓励 C 罗，说他一定配得上 9 号球衣——那是斯蒂法诺自己穿着拿下 5 次欧冠冠军的号码。

就在几天前，卡卡刚在伯纳乌登场。C 罗亮相之后几天，另一个大人物也来到了皇马——法国前锋卡里姆·本泽马。

本泽马生于 1987 年，小 C 罗两岁半。2007 年在里昂，他被法国传奇前锋亨利点名称赞为"法国前锋继承人"。然而，本泽马被法国电视二台采访时，没顺着说"哎呀，我最爱亨利了"，却说："我最喜欢的球员是罗纳尔多！"

C 罗亮相伯纳乌

不是他要在皇马搭档的罗纳尔多，而是巴西的"外星人"罗纳尔多。

本泽马后来解释过，对他而言，"外星人"是史上最好的前锋。他尝试看"外星人"的视频，尝试做"外星人"的那些事，但无法做到，他知道自己没"外星人"的天赋。"我不可能做出他那样的动作。"的确，"外星人"那不可思议的爆发力与高速行进中的招式，不只本泽马做不到，足球史上也没几个前锋做得到。

可这并不妨碍本泽马以此为目标，将自己练成一个全能前锋：他强壮、迅速、灵敏，视野宽广，脚法精湛，在跑动、策应、边路、中路等各方面都足够出色。里昂媒体直截了当地称他为"新罗纳尔多"。20岁半时，本泽马已经代表里昂在法甲拿到第4个冠军，还拿下了最佳射手的称号。

当然，那时C罗也不知道，他和本泽马将来会有怎样的因缘。

2009年8月29日，西甲首轮，皇马对阵拉科鲁尼亚，C罗首次为皇马出场，打进1个点球，是为他在皇马的第1个进球。联赛前4轮，他打进4球：在漫长的皇马队史上，他是第一个做到这一点的。接着欧冠小组赛对苏黎世，他打进2个任意球。

2009年9月30日，欧冠小组赛，皇马对阵马赛，C罗启动，摆脱防守面对门将，一脚干净利落的低射——不是他擅长的挑射——让皇马取得1比0的领先。之后，他被马赛的迪亚瓦拉犯规铲倒，皇马获得点球。卡卡将点球打进，C罗却脚踝受伤。尽管后来他带伤再进1球，让媒体与球迷啧啧感叹，却就此留下了伤病隐患。

这脚踝伤后来发作，逼迫C罗休息了7周。复出之后，他一度有些躁动不安：对阵阿尔梅里亚一战，他吃了来到皇马后的第一张红牌。赛季中期，梅西拿到了 2009 年的金球奖，C 罗则屈居次席。

但他来不及懊恼了，他还得面对其他的麻烦。

盘带中的 C 罗

主帅曼努埃尔·佩莱格里尼教练是个战术大师，非常擅长无球跑动的策应规划，再加上球队的板凳实力极强，皇马本来可以所向无敌。

按照佩莱格里尼最初的思路，前场应当不断快速传球寻求机会，依靠C罗、本泽马和卡卡的强大能力，以及皇马两边路的强硬，压迫对手，踢出弗洛伦蒂诺所谓"灿烂的足球"。皇马边路有活泼的巴西边卫马塞洛，中场有长传大师哈维·阿隆索，中路与边路都能撕扯。一旦前方空间广阔，卡卡就能随心所欲了：左右脚的全能，外脚背技巧的精确，让他可以很随意地变向。他有惊人的速度和爆发力，他长途奔驰不减速的能力可以与"外星人"罗纳尔多媲美，而他的聪慧与视野，更是让他在接球瞬间就能用精美的接球领球摆脱，然后选择最聪明的突破路线大步奔袭。

本泽马本该是这个体系中的关键"润滑剂"：他左右脚都能射门，接停球、控球和背身做球的能力都十分出色。他能规范又优美地做好衔接工作，可以起到类似于曼联时期鲁尼的作用。有这些因素在，C罗就可以发挥他的冲击力，直袭球门。

可驾驭庞大的皇马，没那么简单。新来的三位新援，显然都不能当替补，佩莱格里尼教练只得摆出了4231阵型：C罗、本泽马和卡卡三位新援，经常分居左、中、右路，这也算给弗洛伦蒂诺主席一个交代——"您看，您的钱没白花！"佩莱格里尼教练本希望以强硬的前场逼抢打出压迫性的进攻，但C罗和卡卡都不以防守见长，球队两边路的防守都不算好。

结果便是皇马的进球和丢球都潮涌而来。2009—2010赛季，皇马38场比赛打进不可思议的102球，但丢球数量也达到了35个，最后他们得到96分，联赛排名第二，而联赛排名第三的巴伦西亚的进球数只有59

个而已。联赛头名是皇马的死敌巴萨，38场进98球，丢24球。

皇马不只是在联赛排名上输给了巴萨，在联赛对巴萨的所谓国家德比或世纪德比中也没占到便宜。

2009年11月29日的国家德比，梅西首次在西甲面对C罗，巴萨的瑞典射手兹拉坦·伊布拉希莫维奇射入全场唯一进球，巴萨1比0击败皇马。2010年4月10日，皇马在主场伯纳乌球场面对巴萨，又以0比2败北。

在对巴萨的比赛中，准备罚任意球的C罗

金球奖输给了梅西，联赛交手输给了梅西，球队排名输给了梅西，这就是 C 罗的第一个皇马赛季。

这个赛季，C 罗联赛打进 26 球，各类比赛合计 35 场打进 33 球。2010 年 5 月 5 日，西甲第 36 轮，皇马对马洛卡，C 罗上演了他在西甲的第一个帽子戏法，但这个赛季并不让人愉快——尤其是在欧冠中，皇马也早早被淘汰了。

更让他不快的是：他竭尽全力，却并没得到足够的爱。

他将在曼联时让人惊叹的努力习惯带到了皇马。豪尔赫·巴尔达诺感叹：无论发生什么事，无论前一天是赢球还是输球，或者金球奖是否颁奖，C 罗永远会在第二天训练，还会提早训练。他坚持最科学的训练：享用最健康的饮食，加上适宜的休息，在比赛后第一时间用冰敷或其他手段让肌肉缓解疲劳，以便第二天继续训练。马德里的训练师们纷纷感叹：这真是机器人一般的现代足球典范。

但 C 罗的这份强硬并不算符合西班牙人的爱好。

这里有个奇妙之处。

C 罗早年秉持葡萄牙传统，踢得颇为花哨，在里斯本招人喜欢，在曼联被英国人批评。在曼联的新秀年，他还被人批评华而不实。

2004 年欧洲杯后，C 罗练得了一身钢铁般的肌肉，踢得更简洁明快、凶猛刚劲了，可西班牙球迷反而不喜欢他了！

马德里的媒体念叨：伯纳乌球场历史悠久，他们喜欢庄严的华丽，他们需要全情投入的认真。他们喜欢齐达内那样的优雅从容，喜欢"外星人"那样的出众技术，也喜欢劳尔的机敏。

C罗这一身雕塑般的肌肉，以及"机器人一般的现代足球典范"，嗯，总感觉差了点什么……

值得一提的是，当时西班牙的整体足球审美其实是巴萨式的。早在2006年世界杯期间，西班牙电视六台的体育记者解说西班牙对突尼斯的比赛时，就说了一句"我们正在 tiki-taka，tiki-taka"。这是用来形容西班牙球员们彼此快速来往，一脚出球踢法的句子。巴萨和西班牙国家队当时都是这个风格：短传，控球，丢球则立刻抢回，无限掌握球权。

西班牙国家队的灵魂、巴萨中场大师哈维，被教练瓜迪奥拉形容为"我接球，我传球；我接球，我传球"，而西班牙媒体则传颂关于哈维的另一个细节：他越来越多地用一个精美的 360 度原地转身摆脱后传球，西班牙人称为 "la pelopina"。这个标志动作很"哈维"：简洁，轻盈，而且，最后还是为了传球。2009 年，巴萨击败曼联拿下欧冠冠军时，弗爵爷如此形容巴萨的风格：

"我觉得哈维和伊涅斯塔这辈子都没传丢过球。他们把你拉上旋转木马，让你头晕目眩。"

这也适用于西班牙的足球审美。

话说，西班牙人很喜欢在斗牛士耍弄公牛时高呼"Ole"——这个词，他们在足球场上也常用。比赛末尾，大局已定，球星玩点花式，晃过对方的抢截时，观众就会一起高呼"Ole"。大概在观众眼里，已成砧上鱼肉的对手恰如斗牛场中的斗牛吧。当年齐达内在皇马穿5号球衣时，胜券在握，中场耍几下，马德里球迷就这么嚷。

对西班牙媒体而言，C罗除了强硬凶猛，还有一些其他的毛病。队友哈维·阿隆索提到过一件事：2010年2月21日，西甲第23轮，皇马对比利亚雷亚尔，球队5比2领先，C罗已进1球，又获得1个点球。

C罗和阿隆索

哈维·阿隆索希望能踢这个点球，毕竟他本季还没进球。可 C 罗相当不高兴。

在皇马球迷眼里，C 罗踢得太自私，太自我，太野心勃勃了。

尤其是 2009—2010 赛季结束后，皇马告别了两个传奇：为球队效力了 15 年的古蒂；1994 年以来一直效力于球队的 7 号前锋、球队灵魂劳尔·冈萨雷斯。

劳尔的告别极为动人：2010 年 4 月 24 日，西甲第 34 轮，皇马对萨拉戈萨，劳尔受伤，正要被本泽马换下，但当时皇马有个反击机会，劳

劳尔的告别仪式

尔一瘸一拐地冲进禁区，将 C 罗的传球打进网窝。这就是他为皇马出赛 741 场打进的第 323 球，也是最后一球。

2010 年 7 月，劳尔被弗洛伦蒂诺送走。有许多老皇马球迷认为这是为了给 C 罗让路，因此将不快倾泻在 C 罗身上。巴尔达诺拼命维护 C 罗：自私？哪个射手不自私！自我？爱表现的人都如此！野心勃勃？那是 C 罗有雄心壮志！

但也有球迷指出，C 罗不喜欢持久的拥抱，他总想彰显自己的独一无二。

这一年，C 罗在马德里展现了一个招牌姿势。进球后，他起跳，大喊，落地，摆出如雕塑般的姿势（甚至经常脱下球衣展现肌肉）。有媒体认为，他这是在宣示：

" 我在这里！"

不难理解他的心理：

他是马德拉来的海岛少年，在街头足球中练成了一个"爱哭鬼"。他相信一切问题都可以靠训练来解决，相信变得强壮能改变一切。

傲慢是他的铠甲，自我彰显是他的动力。他觉得成果得配得上自己的努力，所以他总希望告诉世界：

" 我是独一无二的！"

就像巴尔达诺所言：野心勃勃的另一面，可以是雄心壮志。C罗的那些优点，也许恰是他的缺点——偏执、自我——铸造而成的。

但马上他就要遇到一个比他还要自我的家伙了。

穆里尼奥时代 08

2010 年夏天，C 罗随葡萄牙参加了世界杯。说来也奇怪，自从 2008 年奎罗斯教练任命他为葡萄牙队长之后，他就一直进不了球。葡萄牙通过预选赛进入 2010 年世界杯的路上，C 罗一球没进。2010 年世界杯小组赛，他打进 1 球：那时葡萄牙 7 比 0 击败朝鲜。这是 C 罗 16 个月中的首个进球。

但在 1/8 决赛，葡萄牙 0 比 1 输给了最后的世界冠军西班牙。进球的大卫·比利亚，将在下个赛季去往皇马死敌巴塞罗那。

微妙的命运：2004 年和 2006 年，C 罗在英格兰踢球，世界杯遭遇英格兰；2010 年，C 罗在西班牙踢球，世界杯又遭遇西班牙。好在这次他没像 2006 年似的，成为西班牙的公敌。

但回到马德里后，命运的转折来了：

皇马迎来了葡萄牙主教练若泽·穆里尼奥。

若泽·穆里尼奥，1963 年生于葡萄牙，球员时期不算成功，后来因为通六国语言，成了名帅博比·罗布森的翻译。罗布森在巴萨效力期间，他也在巴萨工作过。2002 年，他成了波尔图主教练。2004 年，他神奇地带领球队拿下欧冠冠军。

当年夏天，穆里尼奥被切尔西看中。当时，切尔西刚由俄罗斯巨富罗曼·阿布拉莫维奇买下。阿布拉莫维奇颇为中意穆里尼奥，遂给他全部权力。穆里尼奥刚到切尔西时极为傲慢，甚至对媒体自吹"我在葡萄牙时，知名度仅次于上帝"。他利用阿布拉莫维奇给他的支持，大肆收购球员，如皇马的后腰克洛德·马克莱，如科特迪瓦大器晚成的 26 岁前锋迪迪埃·德罗巴。穆里尼奥的战术不算华丽，但扎实有效。2004—2006 年，切尔西拿下联赛两连冠。2008 年，穆里尼奥上任国际米兰主帅，领到意甲史上最高薪水。

穆里尼奥为人极为强硬，性格颇具争议。他在波尔图获得成功后，一到切尔西就四处挑衅，但获得成功；他去国际米兰后，再次获得完全权力。当时的老帅克劳迪奥·拉涅利老先生说：

> **"** 穆里尼奥让我想起了尼采的超人。为了克服困难，超人要去克服困境，使自己变得更强大。而穆里尼

C 罗传奇

奥则接过了一切挑战。"

穆里尼奥不只是迎接挑战，他每到一个地方，简直就是在乐此不疲地接受挑战，像蜜蜂一样蜇人，吸引所有人对他抛掷愤怒的长矛。伦敦媒体认为，他是要用这种高调吸引炮火，以便保护球员。他在场上场下酷爱用各种招式扰乱对手赢球。在战术风格上，他酷爱防守反击。他要求全队都参与防守，喜欢一切立刻能融入球队的球星。曾在他麾下效力过的法国名将克劳德·马克莱认为他精于算计，理性至上，相信不失误就能取得一切理想化的成果。

2009年欧冠半决赛对巴萨，穆里尼奥就一直坚持防守反击。在主场，他带领球队以3比1赢球。在诺坎普，全场大部分时间国际米兰只有10人迎战，但球员们坚韧不拔地守了下来，最后以3比2晋级。之后，在2010年5月22日的欧冠决赛中，当时已经拿下联赛和杯赛冠军的国际米兰，面对同样拿到德国双料冠军的拜仁慕尼黑，最后以2比0取胜，成为欧冠冠军，以及意大利有史以来的首支三冠王球队。赛后，穆里尼奥喜极而泣。

前一年，瓜迪奥拉带着传切流畅的巴萨成为三冠王。这一年，穆里尼奥带着坚韧强硬的国际米兰成为三冠王。

穆里尼奥和瓜迪奥拉积怨已久，而如今穆里尼奥到了皇马……

并不是所有皇马球迷都欢迎穆里尼奥，许多老派皇马球迷认为，穆里尼奥咄咄逼人的姿态与不择手段的战术思想不符合皇马的传统。但弗

穆里尼奥率领国际米兰实现三冠王

洛伦蒂诺认为，皇马是最伟大的球队，自然得搭配最有名的教练。在他看来，这可以是足球界最热门的话题：

穆里尼奥对瓜迪奥拉！

C 罗对梅西！

皇马对巴萨！

多好！

2010 年夏天，皇马还买进了将满 21 岁的德国中场默苏·厄齐尔。前一个赛季，他射进 9 个球，并贡献 14 次助攻，带领云达不莱梅拿到了德甲第三。他能单兵突击，能远射，虽是德国人，却有妖异的视野和出球技术，能在边路游走，能在中路策动，能在左右路来回换位。无论在欧洲还是世界，他都是顶尖的前场威胁球制造者，也是一击致命的单刀球传输天才。

2010—2011赛季，皇马在联赛前5场一共只打进6球，马德里的媒体立刻不高兴了。但穆里尼奥宣称：

"之前错失的机会，很快会变成进球！"

他没有吹牛。之后3场联赛，皇马打进16球。对拉科鲁尼亚，C罗打进2球；对马拉加，C罗打进2球；对桑坦德竞技，C罗打进4球，这是他第一场"大四喜"。

3场联赛，8个进球！皇马球迷一下子原谅了劳尔的离去，而C罗这个新来者穿上劳尔的7号球衣也显得顺理成章了。

不过，事情并没那么顺当。2010年11月29日，球迷们迎来了2010—2011赛季的国家德比——皇马对巴萨，双方场上有13名球员是世界冠军西班牙国家队的成员。在这场比赛前，皇马位居联赛榜首，赛季不败。

结果，巴萨5比0取胜。

开场9分钟，伊涅斯塔助攻哈维得分；8分钟后，大卫·比利亚助攻佩德罗得分。下半场，梅西2分钟内送出2次妙传给比利亚得分。最后，委内瑞拉球员赫弗伦再贡献1球——他在职业生涯中一共进过57个球，其中为巴萨进了3个球，而这一球是他最璀璨的进球了。这场比赛后，西班牙各色媒体大为震撼，宣布巴萨就是当下最强的球队。巴萨主帅瓜迪奥拉赛后认为："我们赢球的方式，让我们备感自豪。"巴萨后卫赫拉德·皮克得意地高举右手，伸出五根手指：5比0！

皇马开季所向无敌的风采，因此黯然了。

之后，是对 C 罗而言的另一个坏消息。

此前半个世纪，《法国足球》杂志一年一度颁发金球奖，以表彰年度最佳球员；而自 20 世纪 90 年代开始，国际足联也一年一度颁发世界足球先生奖项。这两个奖项的得主有时重合，比如 2007 年，两个奖都归卡卡；2008 年，两个奖都归 C 罗。但也有不一样的时候，比如 2004 年，金球奖得主是安德烈·舍甫琴科，世界足球先生则是小罗。

但 2010 年，金球奖与世界足球先生合并，成为国际足联金球奖。

C 罗面对庆祝胜利的巴塞罗那球员

2010 年 12 月 6 日，巴塞罗那获得了史诗级的荣耀：金球奖前三位候选人的名单在巴黎颁布，1991 年金球奖得主让·皮埃尔·帕潘念出了三个候选人的名字：

"梅西、伊涅斯塔和哈维。"

这意味着巴萨球员已经确定拿下年度金球奖。上一次出现金球奖前三名被一支俱乐部包揽，还是 1989 年的事：AC 米兰的荷兰"三剑客"成员范巴斯滕和里杰卡尔德，以及史上最伟大的自由人之一弗朗哥·巴雷西。西班牙人，尤其是巴萨的粉丝，很是满意：金球奖前三名都在他们球队了！最精湛的指挥大师哈维！最灵巧的赢家伊涅斯塔！个人能力最逸世超群的梅西！

大体而言，金球奖虽然以前只是由《法国足球》杂志选出，但因是记者投票，所以更专业，更具时效性。世界足球先生，则更像是尊严、荣耀与名声之争。因此，这两个奖项的得主多数时候相同，偶尔不同。但 2010 年，国际足联金球奖由 208 个记者、208 个国家队队长和 208 个教练投票选出。2011 年 1 月 10 日，国际足联在瑞士苏黎世宣布：梅西拿下了 2010 年金球奖。

巴萨的喜事，自然不会让皇马快乐，C 罗尤其不快乐：

2008 年，他压倒梅西拿到金球奖；2009 年，他目送梅西拿到金球奖；2010 年，梅西蝉联金球奖，而他居然连前三名都没进！

几年之后，媒体提到了一些其他的事情：穆里尼奥并没有在更衣室得到他渴望的全方位支持。他想要收缩阵线打反击，但皇马的许多球员渴望高位施压与主打进攻。《国家报》指出，更衣室里存在着不同的派系：西班牙本土球员是一派的，本泽马也偏向这一派；C罗、葡萄牙人佩佩、讲葡萄牙语的巴西边卫马塞洛和阿根廷的安赫尔·迪玛利亚则是另一派的。

你可以想象，一支派系分立的球队，遇到压力时会有多大的问题。

冤家路窄，2011年春天，皇马要连打3场巴萨。

先是4月20日的国王杯决赛，双方打到最后时刻，C罗高高起跳，力压对方的阿尔维斯，将迪玛利亚的传中球顶进球门。皇马力克巴萨，拿下2011年国王杯，是为C罗来到马德里之后拿到的第一个冠军。

C罗头球进攻

C罗传奇

与此同时，2011年欧冠半决赛，巴萨又遇到了皇马：瓜迪奥拉对穆里尼奥，梅西对C罗。

C罗固然想击败梅西，可瓜迪奥拉也想复仇穆里尼奥。前一年，穆里尼奥带着国际米兰击败了巴萨。前一周，皇马刚击败巴萨。

2011年4月27日，欧冠半决赛首回合，梅西独进2球，其中随心所欲盘过3个皇马防守者射进的第2球，后来被誉为欧冠史上最佳进球之一。最终，巴萨2比0赢球。赢球能掩盖一切问题，输球则引发所有怨气。更衣室里，C罗当着全队成员的面，愤怒地批判了穆里尼奥的保守战术。在采访时，他更是直白地宣称自己不喜欢这么踢球，尽管他最后还是以"但我必须去适应球队的要求"为总结，以避免激化队内矛盾。

可是，对穆里尼奥这样万事一手掌握的老大而言，C罗自曝更衣室秘密，在媒体面前如此说话，无异于忤逆自己，将矛盾公开化。穆里尼奥觉得自己在更衣室里的权威不可动摇，哪怕是C罗也不可以。于是，3天后皇马对萨拉戈萨之战，C罗被放上了板凳席。这是穆里尼奥给C罗的下马威，是权威的证明。伯纳乌的球迷们只好目睹皇马2比3输给萨拉戈萨。

5月3日，皇马对巴萨第二回合，双方1比1收尾。巴萨两回合大比分3比1淘汰皇马，晋级欧冠决赛。C罗踢了这场比赛，但没得到好话：穆里尼奥赛后公开指责C罗，说C罗不参与防守，只想自己进球；他认为C罗该考虑"成为一个更好的队友"，比如他作为左前锋，应该更专注地对付巴萨的右后卫阿尔维斯，如此才能为球队获得整体的优势……

无论如何，2010—2011赛季，皇马的欧冠之路又就此终止了。

4 天之后，皇马 6 比 2 击败塞维利亚，让马德里球迷稍舒了一口闷气。这场比赛，C 罗独进 4 球。3 天后，皇马对赫塔菲，C 罗上演帽子戏法。5 月 21 日，赛季最后一天，皇马 8 比 1 击败阿尔梅里亚，C 罗打进 2 球，全季打进创西甲纪录的 40 球，个人第二次拿下欧洲金靴奖。

这也是第一次有球员在不同的联赛——2008 年在英超，2011 年在西甲——拿下欧洲金靴奖。

对 C 罗而言，这本该是个成功的赛季：联赛进 40 球，各类比赛合计进 53 球。可联赛输给巴萨，欧冠也输给巴萨，看着巴萨拿下 2011 年欧冠冠军，C 罗多少有点不爽。

C 罗夺得金靴奖

C 罗传奇

2011年夏天,皇马迎来变革。5月25日,巴尔达诺在还有两年合同的情况下离职,皇马赔了他350万美元。穆里尼奥的权力由此增强,而皇马的一线队来了个新指导——皇马前球员、法国巨星齐内丁·齐达内。6月,皇马从法甲的朗斯买来了中后卫拉斐尔·瓦拉内。

2011—2012赛季,C罗继续获得巨大成功:在这个赛季的所有比赛里,他为皇马打进了60个球,仅联赛就打进了46个球。在对萨拉戈萨、巴列卡诺、马拉加、奥萨苏纳和塞维利亚的比赛中,他都上演了帽子戏法。他对西甲的19个对手都进了球。自然而然,皇马拿到了4年来的第一个联赛冠军,并拿下了创纪录的100分。在2012年3月24日为皇马效力的第92场联赛里,C罗打进了代表皇马的第100个联赛进球。

值得一提的是,这个赛季,本泽马找到了自己。

2009—2010赛季,他初到皇马时,西班牙人才不管他在里昂被多少人夸为"外星人"。《马卡报》给他起的绰号是:新阿内尔卡。

阿内尔卡曾是法国明星,拥有天才的技艺,但自律精神实在不能说好。这个绰号,真不是啥好话……

来到皇马第一年,本泽马在27场联赛中首发14场,打进8个球。

2010年世界杯,本泽马被法国队排除在大名单外。据说,主帅雷蒙德·多梅内克借捧C罗贬本泽马:"C罗知道靠自己的天赋能做什么,本泽马呢?如果他有C罗10%的上进心,就能拿金球奖了!"事实上,不止一位教练这么说。本泽马的俱乐部教练穆里尼奥,以及2010年上任的法国国家队主帅布兰克一唱一和:

"本泽马得明白，只有天赋是不够的，还得有态度！"

"本泽马得减肥！"

对许多少年天才而言，这堵墙足够撞得头破血流了。然而 2011 年夏天，本泽马狠减了 8 公斤体重，练起了一身肌肉。本泽马的朋友安东尼·穆尼耶后来认为，C 罗一直在潜移默化地影响本泽马。据说，本泽马曾跟穆尼耶描述：C 罗就是一台机器，总是第一个去健身房，最后一个离开，永远在想方设法地取得进步。本泽马看到 C 罗如此努力，慢慢便也开始跟着这样做。2011—2012 赛季，本泽马成了皇马首发，联赛打进 21 个运动战进球。

C 罗和本泽马

C 罗传奇

这一年，尽管 C 罗与本泽马表现神勇，但仍然都不是主角。2012 年初，梅西拿到了 2011 年国际足联金球奖，是为金球奖三连霸。连续三次得奖，如此缺乏悬念，加上梅西本身性格谦谨温柔，他只是微笑着从罗纳尔多——2011 年退役的"外星人"，曾经的三届世界足球先生得主——手里接过奖杯，然后说一些客套话：

　　"对我来说，这是件……巨大的……喜事。"（他用了"巨大"这个词，因为去年他已经用过"了不起"，不能重复）"我这是第三次拿这个奖了。"（实在谈不上有激情）"这是个……巨大的……荣耀。"

C 罗铲抢梅西

皇马守门员卡西利亚斯说："得奖的应该是哈维！"雅虎体育的埃德文·托雷斯老调重弹："梅西的确很棒，但梅西还没能在阿根廷国家队证明自己，所以他只是恰好处在一个伟大的团队里……"葡萄牙媒体则极力宣传"克里斯蒂亚诺·罗纳尔多 2011 年 60 场比赛一共进了 60 个球"，想以此帮 C 罗硬压 2011 年进 59 球的梅西一头。

但巴塞罗那的媒体认为，作为世界最强的球员，梅西并不急着创造个人的辉煌纪录，他的成绩和他的球队荣誉是浑然一体的。他每晚都坚持出赛，每晚都发挥稳定。除进球、助攻这些数据外，他在场上的每一秒都在试图为巴萨制造一些良性循环。他几乎是在帮助球队赢球的间隙，顺便完成一个又一个帽子戏法……

连皇马的传奇斯蒂法诺都承认："巴萨中场很了得，但梅西的确为球队贡献了很多。他是一个出众的天才，却总是为球队服务。"

贝克汉姆干脆地说："技术上，梅西是世界第一，但他同时拼命努力为球队做贡献。他很享受比赛。"

全世界都知道，C 罗很在意梅西。当皇马做客西甲其他球场时，球迷们都会对 C 罗高喊："梅西！"他们知道这会让 C 罗不快。2011 年 12 月 10 日，巴萨 3 比 1 击败皇马。赛后，连一向为 C 罗说话的《阿斯报》都指出：C 罗过于焦虑了，他过于渴望胜利了，他过于在乎梅西了。

C 罗拿到 2010—2011 赛季欧洲金靴奖时，如此念叨：

"连上帝都做不到让每个人都爱，我又怎么能做到？"

这话像是自我解嘲，但他显然有些心结。他也很大气地说：

"和梅西处在同一个时代，好过与他擦肩而过。我喜欢竞争。"

C罗也不是没有击败过梅西。2012年4月21日，诺坎普迎来国家德比，穆里尼奥用后卫塞尔吉奥·拉莫斯死缠梅西。德国人萨米·赫迪拉开场17分钟射入1球，巴萨这边随后由桑切斯扳回1球。C罗在第72分钟进球，对着诺坎普全场球迷手指封唇：

"嘘！"

皇马2比1获胜，这一战基本奠定了皇马2011—2012赛季联赛冠军的地位，巴萨的联赛三连冠到此为止。

C罗和皇马夺得联赛冠军

可 2012 年的欧冠半决赛，皇马对德国豪门拜仁慕尼黑就没那么顺利了。

2012 年 4 月 17 日，慕尼黑安联球场，拜仁对皇马。拜仁的法国人弗兰克·里贝里先进 1 球，皇马的厄齐尔将比分扳平。比赛进行到第 90 分钟，拜仁依靠马里奥·戈麦斯的进球绝杀，2 比 1 击败皇马。9 天之后，在伯纳乌球场，C 罗开场 6 分钟就为皇马打进一个点球：他直接射向球门右下角，拜仁守门员曼努埃尔·诺伊尔扑错了方向，直扑球门左侧，于是皇马拿下一分。第 14 分钟，C 罗再进 1 球，皇马以 3 比 2 的大比分实现反超。

之后，荷兰人罗本打进一个点球，双方拖进加时赛，接着又拖进了点球大战。

C 罗第一个为皇马射点球。这一次，他选择了射球门左下角，而诺伊尔重复了他在开场 6 分钟时的那次扑救，结结实实地把球扑掉了。

赛后诺伊尔承认："我在比赛中一直观察 C 罗，他喜欢射球门左下角。比赛中他的点球射了另一个角，但我猜他在点球大战中会重新选择他喜欢的角度，我很幸运。"

随后，诺伊尔又扑掉了卡卡的点球，于是拜仁在伯纳乌球场点球淘汰皇马，挺进 2012 年欧冠决赛。他们最终将败给切尔西，但这就不是 C 罗关心的事了。

2012 年夏天，27 岁的葡萄牙国家队队长 C 罗第三次参加欧洲杯。预选赛他为葡萄牙进了 8 个球，包括对波黑的 2 个进球，让葡萄牙晋级正赛。

然而 2012 年欧洲杯，葡萄牙身陷死亡之组。小组赛最后一场，葡萄牙对阵荷兰，葡萄牙开场不久便 0 比 1 落后，面临淘汰。第 28 分钟，C

罗禁区内接佩雷拉传球,一脚低射,追到1比1平。第74分钟,C罗禁区内扣过范德维尔的铲球,冷静地射门,2比1。葡萄牙击败荷兰,晋级八强。之后在1/4决赛中,葡萄牙对阵捷克,双方鏖战到最后一刻钟,C罗做出了一个被媒体形容为"到那个时刻不应该再有体能做出的动作":俯冲,头球,击破了捷克门神彼得·切赫守卫的球门。葡萄牙1比0击败捷克,晋级半决赛。

对手是谁?又是西班牙,此前已经拿到2008年欧洲冠军、2010年世界冠军的西班牙。

这一年的西班牙,球员们的配合已经炉火纯青。C罗的老对手、巴萨中场灵魂哈维,在西班牙4比0击败爱尔兰的比赛中,送出创欧洲纪录的136次传球,其中127次到位。哈维和伊涅斯塔合计完成229次传球,比爱尔兰全队都要多。

葡萄牙不是西班牙的对手,但至少没输得太丢脸。双方最后拖入点球大战,葡萄牙的纳尼事后承认,C罗自愿在点球大战中第五个出场。事后,有媒体猜测C罗是想一锤定音,决定胜负。也有讨厌C罗的媒体借机嘲讽,认为他被之前诺伊尔扑掉点球吓到了,想逃避责任。总之,这次点球决胜,C罗甚至没来得及出场,西班牙就赢了。在决赛中,西班牙4比0击败意大利,哈维送出2次助攻,而巴萨的伊涅斯塔则拿下了最佳球员。后来,阿根廷的天才指挥官里克尔梅如此赞美伊涅斯塔:

"足球这项运动,踢得最好的就是伊涅斯塔。他确切地知道何时该进,何时该退。他会选择最合适的时间,做好每件事。何时带球,何时加速,何时减速。我觉得这没法教。你可以学习如何射门,如何控球,但要意识到球场上发生的一切,这就是与生俱来的天赋了。"

用瓜迪奥拉的说法形容就是："伊涅斯塔懂得时间与空间的关系。"

另一边，葡萄牙有媒体冷言冷语，认为 C 罗该去看心理医生。2012 年，连续在欧冠和欧洲杯失意后，他似乎染上了一种奇怪的焦虑。

2012 年夏天，C 罗的队友马塞洛说了一句"梅西是世上最好的球员"，引来马德里媒体的围攻，逼得马塞洛出面重申："你们歪曲了我的话，梅西的确是 2011 年金球奖得主，但 C 罗是世界上最好的球员。别来破坏我与他的友谊，我是百分之百的 C 罗死忠球迷！"

但马德里也有媒体指出，C 罗不高兴是可以理解的。

他也许是当世最勤奋的球员，他从一个喜欢在边路"踩单车"的边锋，改当射手，修习远射、头球，捕捉射门机会。来到皇马后，他不仅是射门机器，还在 2010—2012 这两个赛季间变成一个聪明的传球者，同时打破了自己的进球纪录，还拿了西甲冠军。他的任性已转化成韧性。他理应获得更多赞美。可是，比起梅西在巴萨享受的那种人见人爱、融入球迷海洋的待遇，C 罗在伯纳乌依然是个伟大但孤独的外来者。伯纳乌的球迷从来不像对待劳尔那样宠溺他，还会对他冷淡，甚至偶尔嘘他——这可能伤了 C 罗的心。

据说，C 罗的执念非常强，他曾问《马卡报》的编辑：为何人人都爱梅西而不爱他？对方回答说，梅西总是赞美所有人，而他则更在乎自己。这段话当然体现了《马卡报》的偏见，但也是一面镜子，折射出一些事实。

在英格兰，C 罗的老队友里奥·费迪南德相信，C 罗内心痴迷于梅西。C 罗时时刻刻在意梅西，他此时不肯承认，但总有一天会承认的。

2012—2013 赛季开始了。西甲前 4 轮，皇马的死对头巴萨全胜，皇马则 1 胜 1 平 2 负。上个赛季，皇家马德里全季 32 胜 4 平 2 负。也就是说，新赛季前 4 场比赛，皇马已经用掉了上个赛季的全部输球份额。

皇马着急了。

2012 年 6 月，皇马曾向托特纳姆热刺 27 岁的克罗地亚中场卢卡·莫德里奇报价，但到了夏末，依然没有回音。

C 罗和莫德里奇

莫德里奇生于 1985 年，几乎是当时最全面的中场球员，且有着不可思议的跑动范围。2016 年夏天，我在访问德国名宿洛塔尔·马特乌斯时，他告诉我，他认为莫德里奇是当时最全面的中场；而葡萄牙巨星德科更是对我说，现役球员中最像他的是莫德里奇。德科的理由是：他在波尔图拿下 2004 年欧冠冠军时，是踢 10 号位；在巴萨时因为要照顾小罗，所以踢 8 号位，甚至 4 号位。当然，他都应付过来了。

与德科类似，莫德里奇也是个全面的中场：

他有 4 号位需要的拦截能力和长传，有 8 号位需要的大范围跑动、传切带皆能的组织才能，以及 10 号位需要的带球、插上、远射和出球能力。

他可以后置靠长传指挥，也可以在前场调度，更可以作为 10 号带反击突刺。三中场或四中场，他都能踢；站中路指挥，站后腰，踢边路内切出球，他也可以。

莫德里奇能活动的范围极大，而且因为足够全面，4 号位的长传、8 号位的跑动和短传、10 号位的盘带和出球，他样样能行，外加体能卓越，所以能够接应每一个点，而且接应的方式不单一。比起一般的横向移动接应，他还有大量纵向运动的可能性。跑得比他多的，没有他那么多彩的出球；有他这种出球能力的，没他跑得多。

由于卓越的体能和精湛的技术，他的出球几乎从不撒汤漏水，每一次触球都能铺平垫稳。论一两脚出球的妖异，许多巨星都能玩出花样来；但每场跑不死，每次触球都在水准以上，那就很可怕了。总而言之，莫德里奇是能让看球的中立球迷为之心折，感叹"这样踢球才是对的"，并衷心希望他赢球的球场指挥官。

2012 年，当时人还在热刺的莫德里奇承认："我想去皇马，这是一生一次的机会。"穆里尼奥热爱莫德里奇,他认为皇马需要一个完美的中场平衡器,充当中场与后卫线之间的完美润滑油。然而,热刺要求莫德里奇多留一个赛季。

到2012—2013赛季开始,莫德里奇这单买卖仍不确定。热刺主席丹尼尔·列维依然在磨磨叽叽地加价,于是穆里尼奥亲自打电话威胁,说如果再拖延,皇马干脆就不买了。事实上,穆里尼奥会着急并不奇怪,因为皇马联赛首轮被巴伦西亚逼平,超级杯2比3输给巴塞罗那,接着联赛又1比2输给赫塔菲……面对这种境遇,在记者会上,穆里尼奥暴跳如雷:"发生了一些我不能讲给你们记者听的事。"

终于,在2012年超级杯第二回合前两天,莫德里奇的转会敲定,据说价格最终定在3500万欧元。穆里尼奥吹嘘说,莫德里奇是完美的终身保险。两天后,皇马击败巴萨拿下2012年西班牙超级杯,刚转会皇马48小时的莫德里奇拿到了他在皇马的第一个冠军。

然而,莫德里奇并没解决所有问题。

2012年9月15日,0比1不敌塞维利亚后,皇马银河般璀璨的更衣室里发生"星际斗争",差点把更衣室送上天去。GRADA360网站披露了相关细节:

穆里尼奥愤怒地冲进更衣室,炮轰了球员一番,然后去开新闻发布会。队长西班牙守护神伊戈尔·卡西利亚斯发了脾气。阿根廷前锋冈萨罗·伊瓜因则说,队内气氛太压抑了。副队长西班牙国家队后卫拉莫斯开始咆哮,指责皇马前场四人组——C罗、伊瓜因、迪玛利亚、厄齐尔——不参加回防。

最后,穆里尼奥开完新闻发布会,回到更衣室又是一阵怒吼。等穆里尼奥出了门，助教卡兰卡发现伊瓜因和本泽马还有说有笑，不由得大怒，差点就打起来。

而在此期间，皇马队内乃至世界上最耀眼的明星C罗，始终一言不发。

早在两周前的9月3日，C罗就已经不开心了。皇家马德里3比0击败格拉纳达，C罗独进2球，但他都懒得庆祝，只是和同来自葡萄牙的队友、老哥们儿佩佩默默地拥抱。赛后，C罗说了一段情感丰富的话：

> "当我伤心时，我不为进球庆祝，而且此事并非今天才种的因果……在这里工作的人们都明白，我不会再说太多。"

马德里媒体猜测：是因为队友马塞洛在夏天公开说梅西是世界上最好的球员？是因为和C罗同年来皇马、同样说葡萄牙语的好朋友卡卡可能要走人？是因为他和女朋友吵架了？

当然，更大的可能是C罗在焦虑他的合同。

当时，C罗和皇马的合同在2015年6月到期，他的税后年薪是1200万欧元；而他和他的经纪人门德斯都希望快点续约到2018年6月（那时他33岁了），年薪涨到1500万欧元。可皇马在迟疑，因为他们除了每年给C罗1200万欧元，还要交300万欧元左右的税；而提薪到每年1500万欧元，相应要交的税就会增加到1100万欧元！皇马精打细算的样子，势必让C罗心生不快。

C 罗和卡西利亚斯

另一面，《马卡报》在 2012 年 9 月初透露，穆里尼奥试图在皇马队内加强葡萄牙势力，并让 C 罗当队长，但当时的队长卡西利亚斯对此不满。以此为契机，斗争开始了。

皇马有大批西班牙国家队成员：卡西利亚斯、拉莫斯、哈维·阿隆索。他们是皇马老臣，尤其是卡西利亚斯，他在队里一言九鼎。而其他"外来人"，比如 C 罗、本泽马、伊瓜因、卡卡、厄齐尔、佩佩、卡瓦略，多少是客将。穆里尼奥是葡萄牙人，他想树立 C 罗、卡瓦略、佩佩等人的权威，很是理所当然；而西班牙队员对此事敏感，也完全可以理解。

如是，C 罗是当事人，而问题的核心，其实是穆里尼奥。

穆里尼奥习惯了唯我独尊，当年初到切尔西，一张嘴就是"我在葡萄牙时，知名度仅次于上帝"。左和弗格森打嘴仗，右与温格斗法，压队员，闹对手，铁腕独裁。到了皇马，他还没忘记嘲老冤家温格一句："在皇马，处处压力都大。我可不能像温格似的大权独揽，然后说'给我 5 年建支球队'。我得立刻成功。"他喜欢嘲弄对手，喜欢强调自己的权威。在马德里一上任，他就把《马卡报》连带其他媒体得罪光了。2011 年，他指责经理巴尔达诺运作不当，像卡卡这样的巨星没法派上用场。马德里球迷协会一直不太喜欢他，因为皇马的嫡系王子劳尔走了，他来了；劳尔前脚刚走，他后脚就来了。老派马德里球迷的看法始终是：

穆里尼奥的确能让球队赢球，但是，他不是"皇马主义者"。

马德里球迷习惯了白衣飘飘的雍容尊贵，可这样的气质被劳尔带走了，取而代之的是穆里尼奥极具侵略性的唇枪舌剑。穆里尼奥显然也明白，卡西利亚斯这批老皇马球员，始终对他怀有警戒之心。他要控制更衣室，就得树立自己的权威，培养自己的嫡系球员。

然而穆里尼奥并没能摆平更衣室，所以皇马在 2012—2013 赛季的战绩也不算璀璨。赛季初，球队拿下了西班牙超级杯，C 罗在两回合比赛中都打进 1 球。接着，是一连串属于 C 罗的纪录：在对荷兰阿贾克斯的欧冠比赛中，他打进 3 球，是为他在欧冠比赛中完成的第一个帽子戏法。4 天后，2012—2013 赛季的第一次国家德比，他在诺坎普梅开二度，帮助皇马 2 比 2 打平巴萨。

可惜 C 罗的接连进球，并没有成为新闻头条。因为 2012 年底，梅西正在创历史纪录：他最后完成了单年射进 91 球的纪录，巴萨也在西甲积分榜上遥遥领先。当时，最不高兴的显然是穆里尼奥，毕竟皇马战绩并不理想。穆里尼奥在赛季结束后要走人的传闻甚嚣尘上，有媒体甚至披露了他和巴黎圣日耳曼老板接洽的细节。可奇妙之处在于，穆里尼奥一边否认他将去巴黎的传闻，一边说前锋本泽马会因伤缺阵，并称：

"因为对我来说，一个在比赛中因伤离场的球员，不能在几天后就找回感觉……但有时候这种事情就是会发生，有时候球员被队友扶着离场，有时候某人会被担架抬下去，但两天后又复出了。在我看来，这种事情不应该发生。"

这话明显是在针对梅西不久前受伤复出的事。毕竟，此时大家都在说梅西要得到 2012 年金球奖了，而夏天还在为爱将 C 罗争取金球奖造势的穆里尼奥只能冷冷地表示：

"我才不关心金球奖！"

2013 年初，梅西依靠 2012 年不可思议的表现拿下自己连续第 4 个金球奖，成为史上第一个拿到 4 座金球奖奖杯的球员。

　　不过，C 罗的表现依然卓越。2013 年 1 月 6 日，对阵皇家社会，C 罗戴上皇马队长袖标，独进 2 球，帮助皇马 4 比 3 击败对手。1 月 30 日，国王杯半决赛首回合，他成了国家德比战中皇马 60 年来的第一个非西班牙国籍的队长。接着，在次回合较量中，他在诺坎普独进 2 球，帮助皇马挺进决赛——至此，他已连续 6 场在诺坎普进球，是为皇马队史上的第一人。马德里媒体认为他很享受这种被巴萨球迷又恨又畏的状态。在国王杯决赛

2012 年金球奖颁奖典礼上，C 罗、伊涅斯塔和梅西

对阵马竞的比赛中，他进了球，但最后因为凶猛犯规被罚下场。

对 C 罗来说，2013 年就是这么起伏不定。英格兰曼彻斯特城队主教练罗伯特·曼奇尼一语道破了皇马的困境：

"如果穆里尼奥还想卫冕今年的西甲冠军，我想他应该把克里斯蒂亚诺·罗纳尔多送回葡萄牙半年。等罗纳尔多归来后，他们就能卫冕啦……我不知道，我想这情况挺不同的，但对我们队来说，去年就是这样。我们把特维斯送回阿根廷半年，然后等 2012 年 1 月他归来后，他状态就好了。"

说这番话时，曼奇尼还面露笑容，一副在说冷笑话的样子。可对当时的皇马主帅穆里尼奥来说，这问题一定不那么好笑。

2013 年欧冠淘汰赛，皇马对阵曼联。在伯纳乌和曼联打成 1 比 1 之后——C 罗打进皇马唯一的进球，皇马去到客场，这也是 C 罗离开曼联后第一次回到老特拉福德球场。他打进了制胜一球，淘汰了曼联，但赛后他拒绝庆祝。这次不是为了朝穆里尼奥发火，而是向他的旧东家，以及曾经对他爱恨交加的曼联球迷表达一点敬意。赛后，他专门找到弗爵爷致意。这再次证明了加里·内维尔等人的猜测：曼联给了 C 罗这个用孤傲作为铠甲的少年一点稳定和安全感。

在 1/4 决赛中，皇马跨过了土耳其的加拉塔萨雷——C 罗两回合共打进 3 球，但在之后的半决赛中，皇马被德国的多特蒙德淘汰。

于皇马而言，这更像运气使然。首回合 1 比 4 败给多特蒙德，欠了太多债，以至于次回合虽然 2 比 0 获胜，但还是棋差一着。如果伊瓜因、C 罗、厄齐尔中的任何一个把握住一两次破门的机会，也许他们就能走得更远。而这点运气的欠缺，就像是命数使然：皇马离决赛一步之遥，就此结束了穆里尼奥在马德里的执教生涯。

虽然穆里尼奥强调"我过去3年都带队进了欧冠四强"，但他的确难以在皇马待下去了。

在波尔图、切尔西和国际米兰时，穆里尼奥并不比在马德里更张狂，但他总能找到办法，让麾下诸将为他出生入死，肝脑涂地。可在马德里这几年，他的执教要艰涩得多。他得面

身穿皇马球衣的 C 罗首次回到老特拉福德球场

对《马卡报》和《阿斯报》的轮流折磨（实际上，这两份分别站在皇马和巴萨立场上的报纸，只在抨击穆里尼奥时有共同语言），得应付内部人员的更替，得顶住上级施加的压力，得小心媒体一再重提"巴尔达诺失势是他造成的"。他得面对媒体的一系列念叨：为什么不让卡卡多踢？劳尔走人跟你究竟有多大关系？皇马的阵容如此奢华，你为什么还是干不过巴萨？以前的老皇马可不是这种毫无风度的踢法！

他从来不肯假以辞色回应外界的质疑，所以能用来征服马德里球迷的只剩战绩：他拿到了一个西甲冠军和一个超级杯冠军。你不能说这样的战绩很差，但此前的卡佩罗等人也取得过这样的成功，而且他们不像

穆里尼奥一样张扬，依然没有躲过下课的命运。穆里尼奥的张扬，没给自己留下退路。他必须拿下欧冠冠军，才能证明自己。

如果他不是在皇马，而是在一支普通球队，也许媒体会念叨："哎呀，这么多年了，球队一直在十六强徘徊，现在能杀到半决赛，进步已经很大啦！"可在皇马这样规矩重重、派系林立的球队，问题就要复杂得多了。

2013年初夏，巴萨主帅比拉诺瓦曾客客气气地说了些片汤话："穆里尼奥是世界上最伟大的教练之一。祝他好运，希望他未来做得更好。他总是设法赢得比赛。"可紧跟在这些话后面的，往往都是："但他的方式，恕我不想评论。"

皇马的自家后卫拉莫斯则直白地表示：

"我尊重所有人的选择，每个人都有权选择自己想要的未来，我会祝福穆里尼奥。就职业角度而言，穆里尼奥是世界上最好的教练。在执教球队期间，他帮助我们去竞争，让我们有更高的目标。他对球员的要求很苛刻，这是他的优点，我尊重他。但就球队总体而言，皇马需要这样一位教练：有雄心，懂得互相尊重，充分信任球员和球队，在更衣室内能起到稳定军心、控制球员的作用。"

《马卡报》就没那么客气了。穆里尼奥那一年，一没夺联赛冠军，二没拿下欧冠冠军，三在国王杯决赛被马竞干掉，四被巴萨再次压制。人要走了，也就不用客气了。《马卡报》怒称：穆里尼奥是引发皇马内乱的罪魁祸首！

所以，皇马被多特蒙德淘汰后，当马德里记者问穆里尼奥是否还会率领皇马冲刺欧冠时，他说：

"或许不会，我要去一个大家都爱我的地方。"

于是，皇马的穆里尼奥时代结束了。2013年夏天，穆里尼奥离开了皇马。

2012—2013赛季，C罗在34场联赛中打进34球，各类比赛合计55场打进55球。可对他而言，穆里尼奥的离去也许更重要。

还有两件事值得一提。

2013年，贝克汉姆退役了。2003年，他离开曼联去了皇马。2007年，他又去了美国职业足球大联盟（MLS）的洛杉矶银河队，那时MLS只有14支球队。5年后，MLS有了19支球队，贝克汉姆领走了3200万美元工资，但他让银河队的市场价值提升到了1亿美元。教练雷威克说，贝克汉姆"让全世界知道了我们这支球队，知道了这个联盟"。在场上，他奔跑、传递、射任意球，给摄影师提供迷人的微笑；在场下，他简直成了英国与美国的足球桥梁，陪"辣妹"太太走上各类星光熠熠的舞台，被好莱坞誉为"体育界的英国王族"。他用他光彩夺目的名头，把美国足球的知名度抬到了史无前例的高度。2011年，他带领银河队夺冠，算是画上画龙点睛的一笔。

与此同时，弗爵爷也离开了教练席。贝克汉姆最终还是与弗爵爷和解了："他不仅是最伟大的足球经理，他还是我的父亲。"

也就是在这一年夏天，C罗感叹：他所有的教练里，唯一与他有友谊的就是弗爵爷。

是的，两任曼联7号——贝克汉姆和C罗——都离开了曼联，都去了皇马，但他们对弗爵爷而言，都像是叛逆的儿子。所谓父子，并不是双方始终腻味着，体贴着，温暖慰藉着，最后不吵不闹过一辈子。所谓父子，就是有这样的波折：少年的激动，老者的顽固，相互成就又相互疏远，但在最后，他们依然会在某个点走到一起——这是命中注定的父子。在一起时，他们创造了不朽的辉煌；分道扬镳后，老爹继续絮叨，儿子继续创业。

当然，也有媒体认为，C 罗说那句唯一与他有友谊的教练是弗爵爷，是想乘机对穆里尼奥表达不满。对此，2013 年 8 月，穆里尼奥回了一句狠辣的话：

"我执教过的球员里，最好的是罗纳尔多——不是皇马这个，是真正的、巴西的罗纳尔多。"

他知道怎样能伤害 C 罗，他知道 C 罗在乎的是什么。

2013 年 8 月 7 日，在皇马对切尔西的比赛中，C 罗进球后，施展了他著名的庆祝姿势：奔向球迷，起跳，在空中旋转，落地，展示雕塑般的身材，以及他的 7 号球衣，用西班牙语喊 "Sí"（是）。球迷们跟着他狂呼，于是欢呼声演变成了 "Siuuuuuuuuu"。

有媒体认为，这是他对穆里尼奥的报复与回答。

穆里尼奥可以继续歌颂 "外星人" 罗纳尔多，克里斯蒂亚诺·罗纳尔多则决定走向另一侧。

的确，快要时来运转了。

2013 年 5 月 8 日，他在代表皇马出战的第 197 场比赛中，打进了在皇马的第 200 球。

命运的 09 逆转

2013 年 7 月，全世界都在谈论巴萨买下了巴西天才内马尔，巴萨前名帅瓜迪奥拉去了拜仁，穆里尼奥离开皇马回到了切尔西……

然后，忽然出了一条大新闻：

皇马要以足球史上的最高身价买下托特纳姆热刺的加雷斯·贝尔了！

众所周知，皇马很爱刷新世界转会费纪录。2000 年的菲戈，2001 年的齐达内，都拥有当时的世界第一身价。然后是"外星人"，然后是贝克汉姆。以至于 C 罗创下 9400 万欧元的身价纪录后，卡卡的 6500 万欧元身价也不那么恐怖了。

可弗洛伦蒂诺还讲究不见兔子不撒鹰：2000 年菲戈到来时，基本已经锁定了当年的金球奖；2001 年齐达内到来时，已经是 1998 年的世界之王，且手握 1998 年世界杯和 2000 年欧洲杯的冠军；2002 年"外星人"

到皇马之前，刚带巴西拿下世界杯冠军；2003 年的贝克汉姆，是足球史上最具商业价值的巨星；2009 年 C 罗到来时，则手握前一年的金球奖和欧冠冠军；卡卡，也是金球奖先生。皇马砸出去真金白银，买回来的都是金球奖级别、注定会写入历史的传说。

加雷斯·贝尔……还没拿过金球奖吧？

贝尔是托特纳姆热刺的边路之王，此前 3 个赛季 2 次包揽英超最佳球员的头衔。2013 年夏天，他也才 24 岁。

他是威尔士人，与 C 罗的曼联传奇队友吉格斯一样，擅长边路突袭。但贝尔没有吉格斯的"王子尊容"，踢法也不像吉格斯一样轻逸潇洒。14 岁，他就能以 11.3 秒跑完 100 米。16 岁，他开始在英格兰踢职业足球，为南安普顿效力。那时候，他是个左后卫，体格高大，跑动如风，在左路走廊穿梭来往。

2007 年到了托特纳姆后，他找到了翻云覆雨、大闹天宫的感觉。因为老牌教练哈里·雷德克纳普慧眼识珠，发现了他身上的良材美质：他速度如飞，步伐明快，体能无尽，灵活敏捷，控球和任意球技艺出色。他能远射，能送出传球，而且发起突破时，对方边线几乎无人能阻挡他。有如此资质，待在后场太可惜了，他理当杀到对方禁区，伺机给出致命一击。

贝尔去做了左翼边锋，立竿见影地成了英超左路最恐怖的家伙。利物浦前名将马克·劳伦森总结："贝尔为何如此特别？简单啊！他是我见过的最快的球员，他有第二套装备，能够在另一个速度级别上踢球——他有能力在高速中展现自己的技巧。"意大利媒体的比喻更形象一些："他就像飘移过弯的跑车，都不必踩刹车！"

在 2006—2011 年间，贝尔积累了足够的声名。他玩出过半场人球分过，可以让对手的两人夹击胆战心惊。他的内切自然不及梅西那么随心所欲，但在前方开阔时，对方后卫都不太愿意面对他——这家伙只要一踩油门，就能在众目睽睽下，把对方后卫当木头桩子过掉。2010 年 11 月，托特纳姆热刺对阵国际米兰，贝尔无数次单挑对方后卫麦孔。赛后，荷兰人范德法特如此总结：

> "每个人都怕贝尔。大家都知道，麦孔是世界上最好的防守者之一，可是贝尔简直是在屠杀他。"

2011—2012 赛季，雷德克纳普教练让贝尔担当前场自由人，想看看他能否转型成 C 罗和梅西那样的超凡怪物。2012—2013 赛季，自由自在的贝尔在英超对手的后场肆意加速"飙车"。整个赛季下来，贝尔射入 26 球，把所有人的自尊伤害了个遍。曼城后卫理查兹说道："他让我觉得自己只有一英寸①高。他把我打得粉碎。他跑动起来无休无止，简直荒谬！"雷德克纳普则更直接："他是个非凡的天才，他仅次于罗纳尔多和梅西而已。"

所以 2013 年夏天，皇马要买的是一辆过人如麻、跑动不休的"人肉 F1 赛车"，一台自由穿梭的永动机。

①英美制长度单位，1 英寸合 2.54 厘米。——编者

C 罗和贝尔

此外，贝尔的成长历程酷似 C 罗：一个边路出身的魔王，变形为自由攻击怪的年轻人。在他刚崭露头角的时候买下他，不算是个坏选择。

只是，这毕竟是上亿欧元的大生意。贝尔有无限天赋、远大前程，但他毕竟还没得过金球奖……

这就要说到 C 罗了。

2013 年夏天，皇马面临以下形势：穆里尼奥走人，卡卡伤势起伏，C 罗则等待续约。马德里有媒体提到了 C 罗对曼联的态度，认为他想等 2014 年夏天合同到期后直接回曼联。并且，巴萨刚以 5700 万欧元买下巴西天才内马尔！

弗洛伦蒂诺需要一个新的爆炸性话题：1 亿欧元，英超最佳，贝尔！

弗洛伦蒂诺很有信心：1 亿欧元的支出，可以从球衣销售、广告代言

C 罗和安切洛蒂

等方面回本。皇马做惯了大生意，只要贝尔老老实实把肖像权交出来，那么皇马在球衣销售之类的事情上一倒腾，1 亿欧元转眼就能收回。反之，如果贝尔继续留在热刺，那么他一辈子都难以产生类似的效益。

西班牙媒体认为，买入一位新巨星后，皇马也就有了资格和 C 罗的团队讨价还价。贝尔与 C 罗的风格有相似之处，且比 C 罗更年轻。一旦抛出去"世界第一转会费""1 亿欧元先生"这些头衔，皇马谈判的口气自然能强硬许多。

事实上，贝尔以 1 亿欧元身价来到皇马后，C 罗随即便宣布和皇马续约到 2018 年：他的年薪将达到 1700 万欧元，是为足球世界最高薪水。

C 罗听到的另一个好消息是：球队迎来了新帅卡洛·安切洛蒂。

安切洛蒂生于 1959 年，球员生涯颇为成功，也进过意大利国家队，参加过 1990 年世界杯。36 岁那年，他开始当足球主教练。1999 年，他去了尤文图斯，为了适应球队的王牌齐达内，他放弃了自己原来喜欢的 442 阵型，改用 3412 阵型。2001 年，他去到 AC 米兰，开始创造奇迹。

当时，AC 米兰拥有 4 个 10 号球员：1999 年金球奖得主巴西人里瓦尔多，葡萄牙国家队 10 号鲁伊·科斯塔，在皇马拿过欧冠冠军的荷兰明星克莱伦斯·西多夫，以及意大利天才安德烈·皮尔洛。安切洛蒂神奇地摆平了这几个人组成的体系：他让皮尔洛后撤担当指挥型后腰，让鲁伊·科斯塔和里瓦尔多在前，西多夫在左，迅速让 AC 米兰强盛起来。2003 年，AC 米兰拿下欧冠冠军。2004 年，AC 米兰的乌克兰巨星安德烈·舍甫琴科拿下金球奖，同时 AC 米兰迎来了巴西天才卡卡。2005 年，AC 米兰在欧冠决赛中一度以 3 比 0 领先英格兰的利物浦，但随后被追平，输掉点球大战。2007 年，舍甫琴科远走切尔西后，大家都以为 AC 米兰的实力势必要下滑，然而安切洛蒂神奇地变阵，用出 4231 阵型，激活了卡卡，让 AC 米兰拿下 2007 年欧冠冠军。卡卡凭借在欧冠中的神勇表现——半决赛面对面击败了 C 罗的曼联——拿下了 2007 年的金球奖。当时，安切洛蒂以善于随机应变著称。AC 米兰的老总、意大利前总理西尔维奥·贝卢斯科尼总是要求他上双前锋，而他却"阳奉阴违"地使用自己喜爱的"圣诞树"阵型，也就是 4321 阵型。可即便如此，他也能取悦老板。

这就是安切洛蒂：他带过无数巨星，也善于围绕巨星变阵，3412、4312、442、4321，各种各样的阵型，他都能运作。

2013 年夏天，弗洛伦蒂诺亲自带安切洛蒂参观皇马荣誉室，并指着

9座欧冠冠军奖杯感叹："太美了！"然后，他回头看向安切洛蒂："还差1座，还差1座就完美了！"

这就是安切洛蒂面对的压力：弗洛伦蒂诺希望他将皇马再度带上欧洲足坛巅峰。

当然咯，弗洛伦蒂诺很擅长出难题。安切洛蒂喜欢442阵型，可弗洛伦蒂诺硬塞给他一个贝尔，大概是寻思着："反正你很会调整，自己想法子去吧！"

最终，安切洛蒂决定，将穆里尼奥原本的4231阵型改为433阵型。他的一个绝妙变招是，让此前更多担当边锋的阿根廷人迪玛利亚去踢中场左路，待在C罗身后。前方三人组，本泽马担当中锋；新来的贝尔踢右路，利用他强劲的左脚内切进攻；C罗则踢左边锋，享受无限的自由。对此，安切洛蒂后来解释说，他初到球队时，确实曾试探过C罗，问他是否乐意担当中锋。但C罗的意思是，他喜欢在左路接球，从边路内切，不喜欢在中路频繁背身接球，担当中轴。于是，安切洛蒂如此配置，让C罗在左路自由自在。

此前一个赛季，不喜欢穆里尼奥的媒体纷纷质疑：买下莫德里奇是为了什么？莫德里奇踢前腰还是中场？他是厄齐尔的替补还是哈维·阿隆索的搭档？

2013年夏天，安切洛蒂公开把中场指挥权交给了莫德里奇。安切洛蒂随后解释，称莫德里奇最大的优点是他的带球深入。球队打不开局面时，有时不能单靠前场的速度，必须有中场突进，扰乱对手的节奏。

安切洛蒂不进行热切的赛前动员，但新配置立竿见影，让皇马找到了感觉。

C 罗庆祝进球

    2013 年 9 月 17 日，皇马在欧冠小组赛中 6 比 1 大破加拉塔萨雷，C 罗上演帽子戏法。随后再战哥本哈根，C 罗独进 2 球。10 月 23 日对尤文图斯，C 罗进 2 球。至此，3 场比赛，他已进 7 球。2013 年 10 月 26 日，在诺坎普，国家德比之战，新到巴萨的内马尔进球，皇马 1 比 2 输给了巴萨。

但 4 天后，皇马 7 比 3 大破塞维利亚，C 罗再次上演帽子戏法，贝尔攻进 2 球，本泽马攻进 2 球。又 3 天后，皇马击败巴列卡诺，C 罗攻进 2 球，本泽马攻进 1 球。又 6 天后，皇马 5 比 1 大破皇家社会，C 罗再一次上演帽子戏法，本泽马和赫迪拉则锦上添花。

C 罗加贝尔加本泽马的威力爆发出来了，马德里媒体给这个组合起了个名字：BBC。

带着绝佳的状态，C 罗去了葡萄牙国家队。世界杯预选赛，葡萄牙和瑞典要角逐最后一个名额，争取参加 2014 年世界杯。

第一回合，葡萄牙 1 比 0 战胜了瑞典。第二回合，决战吧！

上半场双方互交白卷，看起来这会是一场暗淡的比赛。然而下半场情况发生巨变，C 罗和瑞典中锋兹拉坦·伊布拉希莫维奇较上劲了。

伊布比 C 罗大 4 岁，出身于荷兰豪门阿贾克斯，身高 195 厘米，强壮又灵活，球感出色，技术全面，左右脚都能射门，可以踢锋线任何位置。最不可思议的是，他拥有如此高挑的身材，还兼具协调性和柔韧性。他和阿贾克斯曾经的荷兰巨星马可·范巴斯滕一样——实际上他在尤文图斯时，卡佩罗教练的确劝过他多看范巴斯滕的录像——个子高挑，却能玩出倒钩射门、凌空射门之类的花式。他在阿贾克斯统治了荷甲联赛，去了意大利的尤文图斯和国际米兰后，又都拿到过联赛冠军。这些成就也助长了伊布古怪的脾气：他很是高傲，颇喜欢炫耀自己的天分，对扎实精确地踢球就没那么感兴趣了。

有欧洲记者开过玩笑：如果说还有球员比 C 罗更傲慢，那就是伊布了。

第 50 分钟，C 罗一个左脚射门进球——伊布很爱吹嘘自己左右脚全能，C 罗就来了一个。

不过伊布终究不是平平之辈，他先回敬一个头球破门，接着又贡献一个任意球低射，帮助瑞典 2 比 1 反超葡萄牙，大比分追到 2 比 2。

第 77 分钟，C 罗一个左脚斜射远角，让葡萄牙在大比分上 3 比 2 再度领先。没等瑞典人喘过气来，C 罗一个急速插上，接穆蒂尼奥传球，单刀进球。

于是伊布进 2 球，C 罗上演帽子戏法，葡萄牙以大比分 4 比 2 淘汰瑞典，拿下参加 2014 年世界杯的资格。

接下来，在皇马 5 比 0 击败阿尔梅里亚的比赛中，C 罗被阿莱克斯·比达尔铲伤，进而缺席了若干比赛。不过，这并不妨碍 C 罗在整个 2013 年的 59 场比赛中打进不可思议的 69 球——不如前一年梅西可怖的 91 球，但依然是他自己的纪录。

2014 年 1 月 8 日，皇家马德里主场 3 比 0 击败塞尔塔。C 罗进了他 2014 年的首球后，抬起双手，直指天空。按说这是卡卡的招牌手势，你可能会疑惑：C 罗什么时候跟卡卡似的虔诚，进球都要献给上帝了？赛后，C 罗说这个进球不是献给上帝的。在社交网络上，他说得更明白一些。

C 罗和伊布拉希莫维奇

这个进球是他职业生涯中的第 400 个进球，而他要将这个进球献给一位逝者："进球的不是我，是尤西比奥。"

此前，2014 年 1 月 5 日，葡萄牙的传奇"黑豹"、1965 年金球奖得主、1966 年世界杯最佳射手尤西比奥·达·席尔瓦·费雷拉先生，以 71 岁的年龄逝世了。

又过了一周，2014 年 1 月 13 日，仿佛是命运的传承：葡萄牙上一周失去了一位金球奖得主尤西比奥，但这一周又拿下了一座金球奖奖杯——C 罗拿到了 2013 年度国际足联金球奖。

当然，也有不满之声。

金球奖颁奖前 10 天，《法国足球》的记者帕斯卡尔·普劳德透露：C 罗已经获得 2013 年度金球奖，但"如果只统计记者投出的选票的话，那么里贝里排名第一"。

拜仁慕尼黑的法国人弗兰克·里贝里和梅西、C 罗一起，是 2013 年度金球奖的三大候选人。2013 年，里贝里代表拜仁慕尼黑，实现了传奇的五冠王，包揽欧冠、德甲、世界俱乐部杯、欧洲超级杯、德国杯的冠军，被欧洲足联选为 2012—2013 赛季的欧洲最佳球员。2013 年，拜仁慕尼黑破了 30 项德甲纪录，成为德甲 50 年来最成功的球队。当然，最后里贝里还是败给了 C 罗。

金球奖颁奖现场，C 罗当场落泪，亲吻女友伊莲娜后上台，将随他而来的儿子交给球王贝利，从国际足联主席约瑟夫·布拉特手中接过奖杯，拭去泪水。他感谢了俱乐部和国家队的所有队友，感谢了他的教练和俱乐部工作人员："我也不想忘记提及尤西比奥。我还要感谢与我个人生活有关的每个人，我的女友、朋友、儿子。我现在情绪非常激动，我能说的只有感谢每个人。"

C 罗上一次得奖，还是在 2008 年：那时 C 罗 23 岁，还在曼联领薪水，一定想不到当时站在他身边的梅西会包揽之后的 4 座金球奖奖杯。2009 年，C 罗以当时世界第一的转会身价去了皇马，而梅西则在那一年随巴萨拿了六冠王。2009—2010 赛季，C 罗带领皇马打出创队史纪录的西甲联赛 96 分，但架不住梅西带队拼下 99 分夺冠。2010—2011 赛季，C 罗

C 罗泪洒金球奖颁奖现场

在西甲创纪录地射入 40 球，可梅西又拿了欧冠冠军。2011—2012 赛季，C 罗在西甲轰下了匪夷所思的 46 球，但还是比不上梅西……终于在 2013 年下半年，C 罗保持着持续不断的进球，而梅西则受伤了。

> C 罗上一次获得金球奖是在 23 岁，意气风发，然后他看着梅西连拿 4 个金球奖。如今他再拿奖时，已 28 岁了。

不过，梅西在另一个场合又赢了 C 罗一次。2014 年 3 月 23 日，伯纳乌国家德比，梅西上演帽子戏法，加上伊涅斯塔的进球，巴萨 4 比 3 击败皇马。比赛颇为惊险：伊涅斯塔首开纪录后，皇马的本泽马和迪玛利亚一度让皇马 2 比 1 领先。梅西在第 42 分钟进球追平比分后，C 罗的进球又让皇马 3 比 2 领先。终于，梅西在第 65 分钟和第 84 分钟连进 2 球，巴萨才堪堪险胜。

最终，2012—2013 赛季，皇马只拿了西甲联赛第三，巴萨则是联赛第二。C 罗在 30 场联赛中打进 31 球，再次拿下欧洲金靴奖，并当选当季西甲最佳球员。他在 5 月 4 日对巴伦西亚射出的一记脚后跟进球，则是赛季最佳进球。

尽管西甲战绩一般，但皇马和 C 罗在另一个舞台上走到了最后。

2014 年国王杯半决赛，C 罗打进 2 个点球，帮助皇马击败当季联赛冠军马竞，晋级决赛。接着，在 C 罗因为左膝炎症缺席决赛的情况下，皇马仍旧顺利拿下国王杯。值得一提的是，皇马在决赛中击败巴萨后，因伤缺阵的 C 罗走到场上，拥抱了败北后静静站在原地的梅西。

虽然被许多人描述为竞争对手，但在这一刻，两人历经悲欢的拥抱是真诚的。

2014 年欧冠 1/4 决赛，皇马对阵老对手多特蒙德，C 罗在自己的第 100 场欧冠比赛中，带着左膝伤势打进 1 球，是为他在当季欧冠打进的第 14 球。这是欧冠单季纪录，在 2011—2012 赛季由梅西创造。皇马淘汰多特蒙德后，半决赛首战，在主场伯纳乌以 1 比 0 险胜德甲巨人、上届欧冠冠军拜仁慕尼黑——进球的是本泽马。

2014 年 4 月 29 日，德国安联球场，欧冠半决赛第二回合，拜仁迎战皇马。

安切洛蒂教练将组织大权交给了莫德里奇。拜仁因为首回合败北，加上坐镇主场，必须压上进攻。安切洛蒂深明此道，所以决定冲击拜仁后方。

安切洛蒂先是排出 433 阵型，但让贝尔大幅回撤，发挥他踢过边卫的优势，然后防守时则变成 4321 阵型。皇马后卫线完美站位，全场没有失误；迪玛利亚利用长传，多次形成精彩反击，利用 C 罗、本泽马与贝尔的速度突击。

第 16 分钟，莫德里奇开出精彩的角球，C 罗中路牵制，拉莫斯后点头球破门。4 分钟后，迪玛利亚送出任意球，皇马后卫佩佩前点头球摆渡，后点又是拉莫斯顶进。后卫拉莫斯梅开二度，大出拜仁所料。

拜仁被迫继续绝望地压上。第 34 分钟，贝尔回防断球，启动反击；迪玛利亚、本泽马和贝尔急速配合，C 罗推射得分。进球后，C 罗双手比画出"15"的手势——欧冠史上，第一次有人单季打进 15 球。

C 罗当然知道，此前的 14 球纪录是梅西创造的。

但，没完呢。

比赛第 90 分钟，皇马获得任意球。C 罗没选择招牌的电梯球，而是一脚低射，直击左下角——去年他对阵拜仁时，就曾攻过左下角。结果他打进单季欧冠第 16 球，这也是他代表皇马出战 243 场比赛打进的第

250 球。

皇马在拜仁的主场，以 4 比 0 完成了不可思议的大胜。两年前被拜仁、被诺伊尔击败的一箭之仇，至此报了。更不用说，拜仁的主教练是 C 罗一直不太喜欢的巴萨前主帅瓜迪奥拉。赛后，C 罗大赞安切洛蒂教练，认为他改变了球队的精神。

2014 年 5 月 24 日，欧冠决赛，皇家马德里对阵马德里竞技。

比赛在葡萄牙里斯本的光明球场进行——既是马德里自家球队的德比，又是在 C 罗最熟悉不过的里斯本。

马德里竞技由迭戈·西蒙尼教练指挥。他是阿根廷人，球员时期是个强硬的中场；1998 年世界杯，就是他表演式的摔倒让贝克汉姆吃了红牌，进而导致英格兰被淘汰。这份强硬与狡猾，被他带到了教练生涯中，为他赢得了重视细节的名声。他喜欢 442、4141、4231 等阵型，善于打造有纪律的铁军。总而言之，以求稳为上。他喜欢紧缩球队防守空间，遏制对方中路渗透，逼迫对方走两边路，然后自己打出反击；他也很擅长将比赛切割零碎，寸土必争。此前他带队跨过了巴萨；这次决赛，他要带队对阵皇马了。

赛前，队医认为 C 罗左膝有伤，不宜出场，但 C 罗坚持出战，并撂下一句话："人生中你不牺牲点什么就无从取胜，你总得冒一点险。"哈维·阿隆索认为，这是 C 罗人生中最重要的比赛。欧冠已成为 C 罗的执念。

C 罗脱衣庆祝进球

在比赛的前 90 分钟，马竞的表现几乎完美。第 36 分钟，马竞先由后卫迭戈·戈丁头球得分，随即死死守住领先优势。第 50 分钟，安切洛蒂开始出招，换上伊斯科与马塞洛，调整了左边与后腰，并让莫德里奇推前，让迪玛利亚在左路启动。第 79 分钟，安切洛蒂用生力军莫拉塔替下本泽马，继续让 C 罗顶在前方，让莫拉塔负责 C 罗的防守任务。最终在加时赛第 4 分钟，莫德里奇的聪慧与对细节的把控改变了比赛：他用身体扛住比利亚，球弹到比利亚身上出界，皇马获得角球。

莫德里奇开出角球，拉莫斯，又是拉莫斯，又是接应莫德里奇的角球！拉莫斯头球攻门，顶进球门左下角，1 比 1。

马竞坚持不懈的防守逼抢，导致球员的心气与体能都开始下滑。

加时赛第 20 分钟，马竞球员的体能接近崩溃，迪玛利亚左路连过 3 人内切低射，马竞的比利时守门员蒂博·库尔图瓦将球挡出，贝尔补中，2 比 1。

这是马竞当季欧冠首次单场失球超过 1 球：他们的铜墙铁壁终于被攻破了。

确切地说，是兵败如山倒。

加时赛第 28 分钟，C 罗左路回敲，马塞洛接球低射，3 比 1，是为 C 罗当季欧冠第 4 次助攻。2 分钟后，C 罗突入禁区，被戈丁绊倒，获得点球。C 罗射中点球后，不管不顾地脱下衣服，展示肌肉，开始怒吼。这是他标志性的时刻，赛后许多媒体形容：他就像一个绿巨人。

吃黄牌？无所谓了。欧冠单季第 17 球！史上第一个代表两支球队（2008 年代表曼联，2014 年代表皇马）在欧冠决赛进球的球员！时隔 6 年，第 2 个欧冠冠军！

就是这么神奇：马竞领先了94分钟，却被皇马在半小时内连进4球击溃。西蒙尼的细密战术，最后输给了体能。

皇家马德里拿下了队史第10个欧冠冠军，弗洛伦蒂诺主席前一年给安切洛蒂设定的指标达成了。

值得一提的是，决赛中在场边指挥的安切洛蒂镇定自若，而尚未担任皇马主教练的齐达内也已经开始帮着运筹帷幄了。真有趣，曾经安切洛蒂是齐达内的教练，曾经齐达内为皇马拿下了第9个欧冠冠军，而如今他们在场边并肩指挥皇马，带领球队拿下了第10个欧冠冠军。

C罗焦虑地、愤怒地带伤出战，拿下了冠军。他表现得像一个标准的斗士。他克服了一切障碍，到达了人生巅峰。他脱衣秀出肌肉，尽情展示自己极具雄性气息的力量。他在意大利给每个队友买了一块豪华手表，并在上面刻下了这个对他而言意义重大的成就：

"第10冠。"

2013年夏天，C罗还在被人念叨太在意梅西，是否会续约留在皇马，和穆里尼奥的关系如何；一年之后，他便多了一个金球奖，多了一个欧冠冠军，而且就快迎来下一个金球奖了！

高潮与低谷

　　2014 年夏天，C 罗左膝伤势严重。他本该休息，甚至考虑做康复手术，但他想参加 2014 年巴西世界杯。毕竟，这个参赛资格是他千辛万苦上演帽子戏法，才从伊布拉希莫维奇手里夺来的。他显然知道，葡萄牙国家队的实力一般，毕竟那是一支需要他完成帽子戏法才能打进世界杯的球队。

　　不出所料，葡萄牙在小组赛结束后就被淘汰了。梅西带领阿根廷打进了决赛，但输给了德国。德国队里全是 C 罗和梅西共同的对手——那些拜仁慕尼黑的德国国脚。

　　2014 年世界杯的最佳射手，是哥伦比亚的哈梅斯·罗德里格斯，他随后将成为 C 罗的皇马队友，但在此之前自有一段残酷而现实的故事。

　　2014 年世界杯决赛当天中午 11 点，阿根廷国家队的迪玛利亚正准备注射止痛针。当时他右腿肌肉撕裂，但他太想踢决赛了。他对队医说：

　　"如果我伤了，就让我伤着；我不在乎，我只想比赛。"

阿根廷的丹尼尔·马丁内斯递给他一封信："马德里那边说你不能出赛。他们要我们别让你出赛。"

迪玛利亚明白，皇马要签下哈梅斯，就要卖掉他，因此他们不希望他受伤，进而影响交易。于是，他直接把信撕掉，说："只有我能决定。"

不过，迪玛利亚显然也并不想把事情搞得太复杂，于是他找到萨贝拉教练，说自己听从教练调派。

"如果你要派我，我就上；如果是其他人，我就不上。我只想赢世界杯。如果你叫我上，我会去踢到自己倒下为止。"说着说着，他哭了。

萨贝拉教练最终安排了恩佐·佩雷斯首发。迪玛利亚在场边看完了2014年世界杯决赛，目睹球队败北，德国队捧起世界杯冠军奖杯。他自己将被皇马交易，以便给哈梅斯腾位置。

国际赛场上落寞的 C 罗

C 罗传奇

这就是职业足球。弗洛伦蒂诺主席做事就是这样的风格。

另一边，2014 年夏天，巴萨迎来了乌拉圭球星路易斯·苏亚雷斯——一个狡猾而全面的中锋。

2014 年秋天，新赛季开始后，C 罗继续所向披靡：2014 年 9 月 20 日，皇马 8 比 2 击败拉科鲁尼亚，其中 C 罗在第 29 分钟一个头球破门，起跳高度达到 2.6 米，距离球门 11.4 米。

2014 年 9 月 25 日，皇马对阵埃尔切，C 罗独进 4 球。西甲开季 4 场比赛，C 罗 2 次上演帽子戏法——至此，他已经为皇马打出 25 次帽子戏法的表现。西甲前 8 轮，C 罗独自打进 15 球，创造西甲新纪录。

2014 年 10 月 25 日，联赛第 9 轮，又是巴萨与皇马的国家德比。当时媒体热衷讨论的话题是：

"巴萨西甲开局 8 战 7 胜 1 平，一个球都没有丢过！"

"C 罗为皇马踢了 8 场西甲，已经进了 15 个球啦！"

"梅西转型了！西甲他只进了 7 个球（对他而言太少了），但贡献了 7 个助攻啦！"

"内马尔代替梅西成为巴萨首席联赛杀手啦！"

结果，2014—2015 赛季首次国家德比，皇马 3 比 1 取胜。对此，巴萨御用报纸《阿斯报》很冷淡地用了这么个标题——《皇马是这么赢的》，标题下面是几张皇马的进球照片，以及对比赛进程的概述。皇马御用报纸《马卡报》的标题则张扬得多：《他们吞噬了巴萨！》。加泰罗尼亚的《体育报》的标题还算比较正经：《让人失望的领跑者》。虽然巴萨还是西甲榜首，但对加泰罗尼亚人民而言，输给了皇马，就是不可原谅的。

C 罗和哈梅斯·罗德里格斯庆祝

C 罗传奇

巴萨守门员巴尔德斯如此描述：

"我们开局理想，取得领先，但随后他们靠点球追平了。再往后，皇马收缩防线，等待反击机会，我们就没机会了。"

苏亚雷斯则是这样形容的：

"我们以为我们已经掌控比赛了……下半场，他们加速了，他们用反击杀死了我们。"

那场比赛，在控球率上，巴萨以58%领先皇马的42%；在角球数量上，巴萨以9个领先皇马的3个；在成功传球次数上，巴萨以525次领先皇马的368次；在射门次数上，巴萨16次，略低于皇马的18次，但射正球门5次，只比皇马的6次少一次。不过事实上，皇马除去进了3个球，还击中了4次门框——这才是让巴萨球迷为之战栗的。

苏亚雷斯开局4分钟长传，内马尔禁区前横带推射，射进赛季第9球。第11分钟，C罗左路传中，本泽马头球打中门楣，再补射击中门柱。第34分钟，皇马左路传中，皮克手球犯规，C罗点球得分，巴萨赛季首次失球。下半场第5分钟，皇马左路角球，佩佩高高跃起——对此，英国解说员称"佩佩升起，犹如一条美丽的鲑鱼跃出夏季河流"——头球得分，皇马2比1反超。再往后，皇马反击，哈梅斯直传，本泽马抽射得分，3比1。

皇马的第3个进球尤其精彩，从得到球权到完成得分，其间5人触球，却一共只用了15秒而已。

用苏亚雷斯和巴尔德斯的话来说就是：反击。

皇家马德里本场排出了4321阵型，伊斯科、托尼·克罗斯和莫德里奇三大跑不死的中场不断与巴萨的中场拉扯。实际上，退防时，新来的J

罗——哈梅斯·罗德里格斯也会回撤。

国家德比之战，皇马的三个中场碾压了巴萨的中场，导致巴萨中前场脱节。内马尔的进球确实是苏亚雷斯和他的个人灵感之作，但巴萨没能源源不断地送上后续传球。尤其是下半场，佩佩头球得分让皇马领先后，皇马更是心安理得地回防。

哈维很生气："皇马就靠防守反击为生了。他们龟缩在后场防守，时不时出来反击一次。我们本可以早点把比分改写为2比0，但大家错过了一些机会。在伯纳乌球场，错失机会，就要付出代价。"

这些话并不陌生。多年以来，巴萨就是讨厌这样压缩空间的对手。穆里尼奥的国际米兰和皇马如是，西蒙尼的马竞亦如是。实际上，下半场皇马的后撤让巴萨很尴尬：他们只能让梅西、内马尔和苏亚雷斯背身拿球，从而无法充分发挥自己的空间优势。

皇马的快速反击与两翼冲刺，让巴萨难以应付。皇马后卫拉莫斯认为："当巴萨不控球的时候，他们显得很迷惘。"显而易见，当巴萨不控球时，皇马的速度令他们难以适应。

当然，皇马可能没想到的是：他们赢了巴萨这一场，也推动了当季巴萨的改革。

2014年，C罗带皇马拿下国王杯、欧冠和世界俱乐部杯冠军，理所当然地要再度得到金球奖了。

到2014年时，C罗已经在欧冠合计出战60场，打进61球，名副其实地成了欧冠史上的第一射手。2015年1月12日，在苏黎世会议中心，C罗拿到了自己的第3座金球奖奖杯。发表完获奖感言后，C罗激动地吼了一声：

"Siuuuuuuuuuuu!"

在金球奖颁奖典礼这么庄重的场合，用自己庆祝进球的架势吼出来？但大概，这就是 C 罗。在这一刻，马德拉的叛逆少年睁开眼睛，觉得自己又一次取得了胜利。

然而，拿到 2014 年金球奖后的日子并不美好，C 罗的状态开始出现起伏。有些人认为，那是女友伊莲娜·沙伊克与他分手的原因——2015 年 1 月 20 日，他们正式宣布分手。

之后，皇马做客科尔多瓦，C 罗踢了对方的埃迪马尔一脚，还补了一掌，被红牌罚下。赛后他道歉了，但这是他在皇马领到的第 5 张红牌，也是他在职业生涯中领到的第 9 张红牌——9 张红牌，全是因为他控制不住脾气攻击了对方球员。

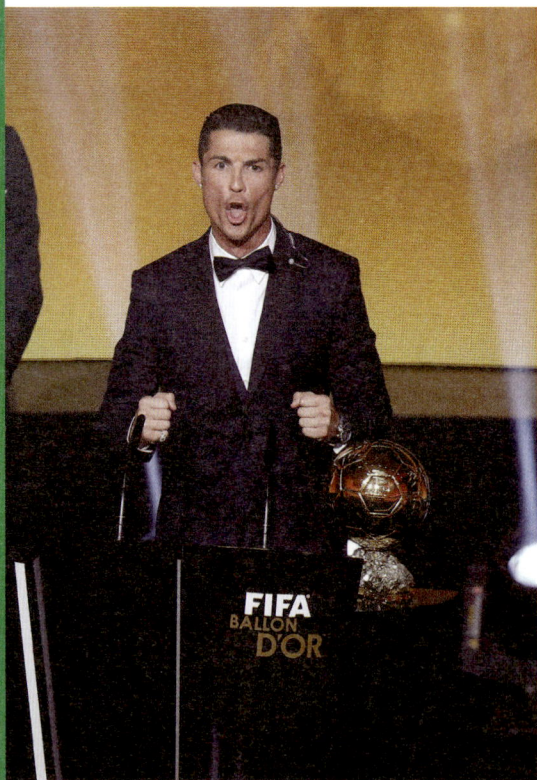

获得 2014 年金球奖的 C 罗

那个好斗的马德拉少年从未远去。他会在拿到金球奖时吼出一声激昂的"Siuuuuuuuuuu"，也会在心情低落时变得像个猛兽。

2015 年 2 月 7 日，皇马

C 罗传奇

0 比 4 输给马竞，C 罗表现平淡。那是 C 罗 30 岁生日后两天的事。为了庆祝生日，C 罗组织了一次派对。许多皇马球员没敢去参加：刚刚大比分失利，似乎不是欢庆的好时机。

这次派对后来被曝出来，马德里球迷知道了，自然对 C 罗发出了质疑。2015年春天，C 罗与马德里球迷的关系剑拔弩张起来。

C 罗的标志性庆祝动作

C 罗还是在进球，比如对阵格拉纳达时，他 10 分钟就上演了帽子戏法——确切地说，是 7 分 50 秒。这是他代表皇马打出的第 28 次帽子戏法，追平了斯蒂法诺的伟业。之后，他再进 1 球，完成了自己在皇马的第 5 次单场进 4 球。可事情并没有结束，之后他又打进 1 球，职业生涯中第一次完成单场进 5 球的奇迹。最终，皇马 9 比 1 取胜。

2015 年欧冠半决赛，皇马遇到了意大利的尤文图斯。

第一回合，尤文图斯坐镇主场都灵。皇马旧将莫拉塔为尤文图斯率先得分，随后 C 罗一个头球追平。中场休息时，拉莫斯吼了 C 罗，批评他没完成防守任务。有趣的是，前一年的欧冠决赛，安切洛蒂给 C 罗"不必回防"的特权时，替 C 罗完成防守任务的正是莫拉塔。

据说 C 罗被指责后，气得出了更衣室，径直走到入场通道里，等待下半场开始。下半场，尤文图斯再进 1 球，2 比 1 击败皇马。为尤文图斯打出这一球的，是 C 罗在曼联时的老搭档——阿根廷人特维斯。

在伯纳乌的第二回合，C 罗打进点球，但皇马只是 1 比 1 打平尤文图斯，两回合下来以大比分 2 比 3 被淘汰。C 罗在更衣室里流下了眼泪。

这个赛季，综合而言，C 罗的表现并不算差：C 罗合计 54 场比赛打进 61 球，联赛 35 场打进 48 球，第 4 次拿下欧洲金靴奖。他单季 9 次上演帽子戏法，代表皇马累计完成 31 次帽子戏法。

但最终，皇马在西甲和欧冠都没有收获冠军，压力自然给到了安切洛蒂。

落寞的 C 罗和贝尔

C 罗传奇

C 罗在社交网络表达了对安切洛蒂的支持："伟大的教练，了不起的人，希望我们下个赛季仍能共事。"可皇马还是送走了安切洛蒂。

2014—2015 赛季刚结束，门德斯就代表 C 罗去见了弗洛伦蒂诺，确认皇马的核心是否依然是 C 罗。弗洛伦蒂诺对此表示肯定，但也说"贝尔是球队的未来"。

你可以想象，C 罗并不太快乐。他是个一旦没有安全感，就会用愤怒、傲慢与战斗当作铠甲的人。一整个赛季下来，分手、争执与伤病已经让他身心俱疲。2014 年，他看着冠军功臣迪玛利亚走了；2015 年夏天，皇马送走了老队长守门员卡西利亚斯以及教练安切洛蒂。C 罗已经明白，对弗洛伦蒂诺而言，皇马没有不能送走的人。

另一件让 C 罗不开心的事是，巴萨拿下了 2014—2015 赛季的西甲冠军和欧冠冠军。

先前 2014 年秋天的国家德比，C 罗带队用快速反击 3 比 1 击败巴萨之战，让巴萨开始思考他们未来的战术方向。路易斯·恩里克教练改变了巴萨以往的传切体系，从而寻求更多的高位逼抢、更少的无效控球，以及更凶猛的反击。

2015 年 1 月到 2 月，巴萨一口气拿下联赛六连胜。西班牙媒体开始用梅西、苏亚雷斯与内马尔名字的首字母缩写来形容这天下无敌的三叉戟了：MSN。

踢了 5 年中路后，梅西在这个赛季回到了右路。按照英国《卫报》的说法，苏亚雷斯承认，那是梅西自愿让位。内马尔居左，梅西居右，苏亚雷斯居中。

内马尔的突破华丽又爆发力十足，苏亚雷斯的走位和射门妖异至极，梅西则无所不能，他们组成了足球史上最惊人的攻击线。

2015 年 5 月 6 日，巴塞罗那诺坎普球场，欧冠半决赛首回合，巴萨对阵拜仁。比赛第 77 分钟，拜仁左路拿球，被巴萨的防守逼到边路，丢球。拜仁来不及压缩空间，梅西如闪电一般一脚远射破门，巴萨 1 比 0。

3 分钟后，梅西得到了一个一对一单挑对方中卫的机会，而这个中卫正是前一年在世界杯决赛防守他的博阿滕。

梅西以冠绝当世的触球，连续左脚外脚背朝中路触球两下。博阿滕只好重心顾着梅西，封阻中路。梅西外脚背点中路两下后，往中路一顺，再朝右一个变向，博阿滕倒下了。梅西在一瞬间做了 3 个假动作，博阿滕毫无办法，直接被梅西晃到失去平衡倒下。

梅西挑射，球越过前一年世界杯挡住他的德国门将曼努埃尔·诺伊尔，落入球门。这一次精彩绝伦的个人表演，被认定为当届欧冠最佳进球。

最后，梅西助攻内马尔 1 球，巴萨以 3 比 0 获胜。

第二回合，巴萨 2 比 3 输球，但以大比分 5 比 3 过关，来到了在柏林进行的欧冠决赛。2015 年 6 月 6 日，欧冠决赛，巴萨对阵淘汰了皇马的尤文图斯，并以 3 比 1 取胜。

每一次转变都会有阵痛，伟大如巴萨的转变，尤其是要减弱哈维和伊涅斯塔分量的转身，一定更加痛苦。可他们还是转变过来了，而且用恩里克当初引发争议的高位逼抢和反击干掉了拜仁和尤文图斯。MSN三叉戟的化学反应之美好确实有天意的成分，梅西的才华更是天授而非人力所能致，但这次此前看来充满危险的赌博式改革到底是赌赢了。

2014—2015赛季，梅西联赛38场进43球，欧冠13场进10球，总计57场进58球。梅西留下的美妙之处不止于此：他在联赛中单季贡献18个助攻，欧冠贡献5个助攻，全年合计贡献25个助攻。他的队友苏亚雷斯各类比赛合计43场进25球，内马尔合计51场进39球。MSN三叉戟在这一年的各类比赛中，为球队射进了不可思议的122球，堪称足球史上最惊人的进攻组合。

前一年，C罗、贝尔和本泽马的组合被叫作BBC。2015年夏天，BBC被MSN压倒了。

也许，要持续胜利，就得不停地进行转变。

2015年夏天，皇马迎来了新任主帅拉法·贝尼特斯。贝尼特斯刚上任，就去威尔士国家队专门会见了贝尔。这显然没法让C罗开心。

2015年夏天，贝尔在皇马赛季前的训练中获得了更多的自由。贝尼特斯不希望贝尔一直被按在右翼，他想让贝尔踢10号位，也就是梅西在巴萨踢的那个位置。这意味着C罗作为球队首席攻击手的地位被动摇了。

与此同时，贝尼特斯想把安切洛蒂的433阵型改成4231或442阵型，让贝尔处于C罗身后。可C罗直白地告诉贝尼特斯：他不想踢9号位，他喜欢从左侧启动进攻。

事实上，弗爵爷、穆里尼奥和安切洛蒂都没逼迫C罗踢中锋。为什么贝尼特斯敢这么做？

C 罗和贝尼特斯

争执开始了。

根据《国家报》的说法，贝尼特斯让助教给了 C 罗一个装满比赛录像的移动硬盘，好让他多做正确的无球跑动。C 罗则一口回绝："告诉贝尼特斯，我会给他一个装满我进球集锦的移动硬盘。"

当然，也有另一种说法称 C 罗的原话是："与其让我看录像，不如让我那些队友看看该怎么进球！"

贝尼特斯新帅上任，不愿失去主教练的权威。他说："C 罗是最强的球星之一，但我也执教过其他一些非常棒的球星。"

2015 年 10 月，C 罗在采访中表达了对安切洛蒂的想念——就像 2013

年他对穆里尼奥不满时，曾说与他结下友谊的教练只有弗爵爷一样。这也可以看作一种表态。

C罗的郁闷再一次转化成了场上的戾气：他已经过了"爱哭鬼"的年纪，但2015—2016赛季前半段，他还是跟拉斯帕尔马斯的大卫·西蒙、希洪竞技的纳乔·卡萨斯、皇家贝蒂斯的后卫弗朗西斯科·莫利内罗等人纠缠推打。

一向滴酒不沾的他，也开始喝点酒了。一向疯狂训练的他，也会偶尔坐游艇和飞机出游了。他想暂时逃离这个复杂的世界。

2015—2016赛季开始，C罗一度遭遇了"进球荒"。但之后，他先是对西班牙人打进5球，再对顿涅茨克矿工队上演帽子戏法。2场比赛打进8球后，之前还在抱怨的马德里球迷纷纷改口称赞他。C罗则不满地提问："之前你们说我糟糕，现在我打进8球，又忽然变成好球员了？"

2015年11月21日，皇马对阵巴萨，国家德比，贝尼特斯选择派上了"银河战舰"的所有成员：守门员克洛尔·纳瓦斯，后卫达尼洛、瓦拉内、拉莫斯、马塞洛，中场克罗斯、莫德里奇、哈梅斯，进攻线贝尔、本泽马和C罗。C罗被顶到了9号位，因为本泽马正受伤病困扰。可这次试验失败了，皇马0比4输掉了国家德比。赛后C罗说，这也许是个好的警醒。"输球时，你不得不做出改变。"

之后，他振作精神。2015年12月8日，欧冠小组赛末轮，皇马8比0击败马尔默。第48分钟到第59分钟间，C罗一个左路任意球、一个补射空门、一个低射、一个包抄扫射，独进4球。至此，6场欧冠小组赛打

驻足观望的 C 罗

进 11 球，C 罗打破了范尼此前保持的纪录。

这是 C 罗在欧冠第一次独进 4 球，也是皇马队史上在欧冠第四次有人独进 4 球。

2016 年 1 月，金球奖颁奖典礼如期举行。在此之前，C 罗对自己的纪录片导演安东尼·旺克承认过，看到梅西拿下第 2 和第 3 座金球奖奖杯时，他极为不快，心想"我再也不去颁奖典礼了"。不过，他自己获颁 2014 年金球奖时，心情稍微好一些，还对梅西说自己的儿子是阿根廷球迷。

2016 年的这次金球奖颁奖典礼，C 罗到了现场，甚至试图给巴萨的内马尔和梅西做翻译（内马尔和 C 罗一样讲葡萄牙语，梅西讲西班牙语），临了还开玩笑地说："你们要付我工钱啊！"

目送梅西拿到第 5 座金球奖奖杯，当然不算快乐。

但对 C 罗而言，转折点快要来了！

2016 年 1 月 4 日，贝尼特斯被解雇。皇马内部没人有什么遗憾，毕竟连一向厚道的莫德里奇都表示了对训练的不满："我们的准备太仓促了，主要在天上飞，而不是在训练。"

新上任的主帅是法国人齐内丁·齐达内。

冠军的
夏天

　　齐达内，1972 年出生，后来身披 10 号战袍，成为法国国家队中场灵魂。1998 年法国世界杯决赛，齐达内当着全世界球迷的面，头球独中两元，帮助法国 3 比 0 击败巴西拿下世界冠军。齐达内以此压倒了前一年金球奖得主，被认为即将成为球王的"外星人"罗纳尔多，拿到了 1998 年金球奖。两年后，齐达内又带领法国队拿下欧洲冠军。2001 年，齐达内以世界第一身价被弗洛伦蒂诺招到皇马麾下。一年后的欧冠决赛，右脚将齐达内以一记左脚凌空抽射帮助皇马拿下欧冠冠军。

　　1998—2002 年，他是足球界的不二传奇。

　　2006 年世界杯，已是老将的齐达内带领法国队闯到决赛，并射进点球帮助球队先下一城。随后他暴脾气发作，头顶意大利后卫马特拉齐，被罚下场。最终，法国队在点球大战中输给意大利，屈居亚军。比赛结束后，齐达内退役。

　　一段跌宕起伏的传奇生涯！

作为球员，齐达内被法国《队报》评论员开玩笑地称为"足球界的鱼子酱"，奢华贵重，余味悠长。

英格兰巨星加里·莱因克尔夸齐达内时，说他能随心所欲地控球。实际上，英语媒体和法语媒体在这方面有个基本共识：只说停球拿球，齐达内是出类拔萃，甚至可能是史上最佳。西班牙媒体则认为齐达内是足球史上的艺术大师。

C罗的曼联老队友吉格斯和齐达内在欧冠赛场上交手过7次，其中第一次交手前，弗爵爷对曼联队员说："齐达内很软弱，不强壮，而且他已经走下坡路了，只要朝他发狠，他就会被废掉。"吉格斯听了这话，在球员通道里看到身高185厘米、26岁的齐达内，一时无语。事实上那场比赛后，吉格斯说："我记得齐达内一次都没丢掉球权。"这可以说是从另一个角度称赞了齐达内的控球技艺。

2000年带领法国队拿到欧洲冠军的教练罗杰·勒梅尔说起齐达内时，立刻感性起来："球和齐达内之间有永恒的交流，球接受他的爱抚，接受他的左脚、右脚和全身。"

法国的另一位超级明星、三届金球奖得主米歇尔·普拉蒂尼则直白地说："技术上，我认为足球的基础就是控球和传球，而齐达内在这方面是王者。在停球控球方面，我认为他无可匹敌。"

当然咯，齐达内有时如天鹅般优雅，有时又务实沉稳，有时却脾气火暴。1998年世界杯，齐达内因红牌被停赛。2006年世界杯决赛，他一头撞向马特拉齐，吃到红牌被罚下场。许多法国人感叹，齐达内是天使与魔鬼的混合体。

但恰是因为有这样的齐达内，他所在的球队总是命很硬。

比如1998年世界杯决赛前，媒体都说法国队踢得太保守了。事实上，法国队在晋级途中屡次依靠的是后卫进球，但齐达内在决赛中却是以2个头球破门帮助球队锁定胜局。他是经历过大

C罗和齐达内

场面的传奇。2000年欧洲杯决赛，法国一度落后意大利，后来是靠2个后发制人的进球逆转取胜。2006年世界杯，法国队在不被看好的情况下击败拥有罗纳尔多、卡卡、小罗等巨星的巴西队。那场比赛，齐达内神威凛凛。所以，大概齐达内天然是个卓越的赢家。

可踢足球不是算命，弗洛伦蒂诺用齐达内还有一个原因：他是弗洛伦蒂诺的"自己人"。

穆里尼奥时代，拉莫斯曾如是描述皇马：

"就职业角度而言，穆里尼奥是世界上最好的教练。在执教球队期间，

他帮助我们去竞争，让我们有更高的目标。他对球员的要求很苛刻，这是他的优点，我尊重他。但就球队总体而言，皇马需要这样一位教练：有雄心，懂得互相尊重，充分信任球员和球队，在更衣室内能起到稳定军心、控制球员的作用。"

皇马这个复杂的"宫廷"，这帮闪耀的球星，需要一个真正能让大家上下归心的人——老板信赖，球员依从。

齐达内的特殊之处在哪里？ 2003 年，博斯克教练如此描述：

"齐达内是一个极其受队友尊重的球员，他十分专业，严格地要求自己。我想说，他特别在乎自己，在乎他的脚法、他的休息、他的训练模式。他真的真的是一个优秀的职业球员。他能够在任何地方踢球，完成每一个动作。"

齐达内来到皇马前，弗洛伦蒂诺把他当作一个高价明星。他们第一次见面时，弗洛伦蒂诺注意到，齐达内很谦虚低调，一坐下来就习惯性地打量周遭的一切。后来，英国追访贝克汉姆的记者曾想让齐达内夸几句自己的盘带，比如他传奇的马赛回转，但齐达内说他的马赛回转"不过是个动作，只有绝对能控制球时才要"，以及"比我有天分的球员多了去了，所以我知道我必须努力"。

他是个天生能让队友和部下敬服的人，是身体力行的沉默者——这样的人能得人心。

他是皇马的"自己人"，是弗洛伦蒂诺最伟大的一笔投资，毕竟他刚到皇马一年就带队拿下了欧冠冠军。这样的人，当教练也错不了！

C 罗传奇

2016 年 1 月 4 日，齐达内上任后，先确认了本泽马、贝尔和 C 罗只要健康就会首发，并强调 "C 罗是皇马的灵魂，是球队的非卖品"。

1 月 9 日，齐达内担当皇马主帅后的首战，对阵拉科鲁尼亚，皇马 5 比 0 获胜：贝尔上演帽子戏法，本泽马攻进 2 球，C 罗贡献 2 个助攻。C 罗的位置变幻不定，开场在左，很快又在中路与右路出现。他没进球，但很享受这种自由。

赛后，C 罗赞美了齐达内："我从未对贝尼特斯有负面评价，他始终为皇马倾尽全力"，但 "球员们会和齐祖（齐达内的昵称）产生更多共鸣"。在那几天的训练中，齐达内甚至开玩笑地手把手教 C 罗罚任意球。他当然有资格教，但 C 罗未必需要学。只是这个细节就体现了他们二人在训练中

C 罗、贝尔、本泽马相拥庆祝进球

的亲昵程度。

齐达内不搞内部训话，他更在意安抚球员的情绪。他很明白，皇马的巨星们可能不需要用太复杂精微的战术，更重要的是得让他们自己喜欢。

后来，皇马5比1战胜希洪竞技；6比0攻破西班牙人，C罗上演帽子戏法；4比2战胜毕尔巴鄂竞技，C罗主打左路，攻进2球。赛后，齐达内说他专门要求C罗反击时待在左路："克里斯蒂亚诺对边路而言十分重要。"

比起贝尼特斯硬邦邦的"C罗需要去踢9号位""C罗需要增加无球跑位"，齐达内的说法让C罗舒服多了。

2016年2月17日，欧冠1/8决赛首回合，皇马对阵罗马。在罗马主场，双方鏖战到下半场，C罗一个长途奔袭后内切射门得分——这就是他一直渴望的，贝尼特斯不乐意给的，齐达内希望他继续下去的"不要站9号位""在左路内切"的机会。C罗的体能给了他恐怖的反复冲刺能力，保证他到了比赛后半段依然能靠反击制胜。进球后，C罗跑到齐达内身边，与他一同庆祝：他知道，这是他们共同得到的结果。

似乎是投桃报李吧，3月8日，皇马对罗马的第二回合，C罗接受了出任9号位，担当中路，并将巴斯克斯的传中球顶进了球门。赛后，齐达内大赞C罗，说C罗对他太好了，并称C罗在中路"只是为了迷惑对手，他可以从任何位置发起进攻"。齐达内当然明白，C罗并不乐意踢9号位，只是这么说会让C罗更快乐些而已。后来，齐达内放出了一句非常微妙的话：

"重要的事是组织防守。如果克里斯蒂亚诺站9号位，哈梅斯和贝尔就负责锁死边路。"

C罗传奇

C 罗庆祝进球

我们不妨将这句话理解为：

"只要 C 罗肯踢 9 号位，就可以不用管回防了。"

C 罗的回防问题一直很微妙。当年在曼联时，他身后是加里·内维尔，时刻替他补台。初到皇马的第一个赛季，在佩莱格里尼的 4231 体系里，C 罗不爱回防，导致边路防守压力大，惹得马德里媒体抱怨。穆里尼奥不止一次因为"C 罗是否要回防"的问题和 C 罗争吵，甚至拉莫斯都因为对阵尤文图斯时，C 罗回防不够而口吐过怨言。安切洛蒂曾将迪玛利亚放在 C 罗身后，保证了 C 罗的自由，拿下了 2014 年欧冠冠军。事实上，C 罗希望的就是将自己放在左边自由活动：他可以接球突破，可以内切射门，可以反击奔袭。他不太喜欢的，一是回防，二是去中路站 9 号位：那会限制他的进攻自由。

所以齐达内这个"可以不回防，去踢 9 号位"的意见意味深长。

毕竟齐达内明白：C 罗喜欢带球创造机会，但他最可怕的形态，还是进球终结者。

2016 年 3 月 5 日，西甲第 28 轮，皇马对阵塞尔塔，C 罗打出了他在皇马生涯的第 36 个帽子戏法，最后头球攻门完成"大四喜"，帮助皇马 7 比 1 击败塞尔塔。赛后，齐达内打趣："C 罗独一无二，我自己从没一场比赛进过 4 球，我不知道那是什么感觉。"

2016 年 4 月 3 日，西甲第 31 轮，皇马去到诺坎普面对巴萨。前 80 分钟，双方打成 1 比 1。第 85 分钟，贝尔起球，C 罗停球摆脱，扫射进球，2 比 1，皇马击败巴萨。媒体注意到，齐达内执教后，皇马的韧性与自信大幅提升：他们能打硬仗了。

接着，皇马硬仗不断。4 天后的欧冠 1/4 决赛首回合，皇马客场 0 比 2 输给了沃尔夫斯堡。4 月 12 日，第二回合在伯纳乌进行，C 罗开场 17 分钟内打进 2 球帮球队追平比分，随后他又贡献一个任意球破门，上演帽子戏法。最终，皇马 3 比 2 逆转，挺进欧冠四强。

赛后，C 罗得意之余，当然嘴上不饶人："我一直被批评，可最后站出来的还是我……我不是孩子了，这些事不会影响我，我已经习惯了。我要感谢队友们。我不想休息，如果我状态好，为什么我要停下来呢？"

　　　　　　　　　　　　　　　　　　　　　C 罗传奇

几天后，贝尔受伤，媒体拍下了C罗走向贝尔关心他的画面。在众人看来，这是好事，意味着队内氛围正在日益变好。可之后，C罗自己右大腿拉伤。

尽管C罗自己说他一直竭力维持健康，"22岁的我会吃夜宵到凌晨3点，现在赛后我只想回家早早恢复"，但那不可思议的比赛负担，还是让他的身体出现了不适。而且再怎么说，他也31岁了。

C罗因伤错过了皇马对曼城的欧冠半决赛首战，双方战成0比0。第二战，C罗带伤首发。开场时他在左边路，之后游弋到了中路，全场7次射门，没有进球。好在曼城的费尔南多进了个乌龙球，皇马得以淘汰曼城，杀进决赛。

5月8日，在对巴伦西亚的比赛中，观众注意到，齐达内主动征求C罗的意见，问他是否肯被换下场。于是，C罗在整个赛季中第一次接受了被齐达内换下的安排。

2015—2016赛季，皇马最后只拿了联赛第二，C罗36场比赛只进了35球——相比他上赛季的48球，稍显逊色。不过他接受了齐达内的安排，并将体力留给了那一年的欧冠决赛。决赛前两天，他对《阿斯报》说：

"我会在皇马踢到40岁时离开球场，我在这里很开心。"

一切都定下来了。即便C罗大腿疼痛，缺席训练，但2016年5月28日欧冠决赛之夜，皇马团结而稳定。连《阿斯报》也一边说皇马状态不好，一边说他们奋斗的精神值得赞叹。

这一次，皇马的对手又是马竞。开赛第15分钟，拉莫斯又进球了：他上一次在欧冠比赛中进球正是在2014年决赛，对手也是马竞。

C 罗庆祝进球

C 罗传奇

马竞的卡拉斯科在比赛剩下 10 分钟时进球扳平比分，双方 1 比 1 进入加时赛。

马竞没有重蹈两年前的覆辙，被皇马在加时赛摧枯拉朽地击败。双方拖进点球大战。C 罗自己承认："我快死了，我的腿不行了。"

2008 年欧冠决赛对切尔西，C 罗罚丢过点球。2013 年对拜仁，他也罚丢过点球。这一次，他跟齐达内要求，把他排到第五个射点球。"我要打进制胜球。"

马竞的胡安弗兰射丢点球后，C 罗站在球前。射进这个点球，他就可以拿下 2016 年的欧冠冠军，生涯中第三次得到欧冠冠军了。此前他的所有队友都坚决地把球射向了马竞守门员奥布拉克的左边。

C 罗起脚，朝向奥布拉克的左边。

球进了。

皇马击败马竞，拿下 2016 年欧冠冠军。这是 3 年里皇马的第 2 个欧冠冠军，C 罗自己的第 3 个欧冠冠军。

一年之前，他送别了安切洛蒂。5 个月前，他还在和贝尼特斯唇枪舌剑。

忽然间，他又拿到了欧冠冠军，又一次以 16 球成为欧冠最佳射手。齐达内上任后，C 罗 22 场进 22 球。他与齐达内相互成就了彼此：齐达内给了他爱与自由，他回报了齐达内胜利。

一个有趣的插曲：

2014年随皇马拿下欧冠冠军时，莫德里奇剪了长发，之后巴西世界杯，克罗地亚表现不佳。2016年夺冠后，莫德里奇不再剪头发，他说要在随后的欧洲杯时保持强壮。他总觉得，两年前剪掉头发让他失去了力量与好运。

可是2016年夏天，在法国举行的欧洲杯，好运却留给了C罗。

2016年夏天，葡萄牙国家队的主帅依然是两年前带队闯世界杯的费尔南多·桑托斯教练。他务实得像

C罗庆祝获得欧冠冠军

个工匠，狡猾得像只老狐狸。他说，他听到别人批评球队，"就像耳朵听见音乐"。英国《卫报》说他是地道的实用主义者。

他喜欢433阵型，但葡萄牙上一代优秀中锋都已离队，于是他和C罗讨论：站442吧，C罗主打中路，和纳尼一起担当前锋。

我们都知道，C罗不喜欢站9号位，但桑托斯教练说，安排2个前锋，C罗的防守职责就很少。

这和齐达内的"C罗站9号位，就不用大量防守"有异曲同工之妙。

2016年6月14日，欧洲杯小组赛，葡萄牙首战冰岛，摆出442阵型。C罗在中路走位，偶尔也在两翼活动。纳尼在第31分钟为葡萄牙首开纪录，冰岛的比亚尔纳松在第51分钟扳平比分，最后双方1比1打平。C罗并不

C罗传奇

高兴，但没多说什么，只是嘲讽了一下冰岛队的大肆庆祝："他们踢平了一场，高兴得像拿了欧洲冠军似的！"

4 天后对阵奥地利，桑托斯教练摆出了 433 阵型。在这场比赛中，C 罗有一个头球破门被吹越位，一个射门被对方门将罗伯特·阿尔默挡出。他已经连续 36 脚任意球没进了；更糟糕的是，他还射飞了一个点球。

赛后，C 罗夜不能眠。英国《太阳报》抓住机会嘲讽，说 C 罗"需要把更多时间花在射点球而非摆造型上"。桑托斯教练则强硬地表示，如果还能获得点球机会，C 罗依然会主罚，并预言：

"克里斯蒂亚诺最棒的一点，就是他能在逆境中进球。"

葡萄牙对匈牙利的末轮小组赛，桑托斯教练坚决地摆回了 442 阵型。匈牙利先 1 比 0 领先，接着 C 罗助攻纳尼得分，追到 1 比 1，随后匈牙利打进任意球，2 比 1 领先。中场休息时，桑托斯教练摆上了年轻的雷纳托·桑切斯，他对盘活中场意义重大。下半场刚开始，C 罗后脚跟破门，2 比 2。没过多久，匈牙利进球，再次取得领先。第 60 分钟，夸雷斯马替补出场，随即送出传中，C 罗头球破门，3 比 3。

在里斯本竞技时关系不怎么友好的夸雷斯马与 C 罗，拯救了葡萄牙。

三连平，但葡萄牙终于还是以小组第三的成绩出线了。

顺便一提，本场梅开二度的 C 罗，就此成为首位在四届欧洲杯都进球的球员——此前的纪录是伊布的连续三届进球。

1/8 决赛，葡萄牙对克罗地亚。桑托斯教练的思路极为明确：回撤防守，反击，寻找 C 罗和纳尼。可比赛踢得极其凌乱，双方 0 比 0 拖完 90 分钟，加时赛踢到第 25 分钟，两队才各有一次射中门框，其他全部歪出。

到了加时赛第 27 分钟、全场第 117 分钟，雷纳托·桑切斯反击中突破分球，纳尼斜传，C 罗小角度射门被挡，夸雷斯马头球补中，葡萄牙绝杀克罗地亚。

上一场是夸雷斯马传中找到 C 罗，让葡萄牙逼平匈牙利成功出线；这一场是 C 罗射门，夸雷斯马补射，葡萄牙绝杀克罗地亚。

1/4 决赛，葡萄牙对波兰。赛前训练时，C 罗对热情的球迷说了一句：

"我们还什么都没赢，请大家镇定。"

对阵波兰之战，C 罗很是努力。他只有 5 次射门，却有 48 次传球，给队友传出了 4 次射门机会。他知道波兰不会让他正对球门，但他想赢球。波兰依靠罗伯特·莱万多夫斯基的进球取得领先，随后雷纳托·桑切斯扳平了比分。加时赛打完，踢点球了。

C 罗张开双手庆祝进球

C 罗传奇

桑托斯教练问雷纳托·桑切斯是否乐意第一个罚点球，C罗立刻走过来说："我来。"

从对奥地利射丢点球后，他就在等待这一刻，而且他也确实罚进了。最后，葡萄牙由夸雷斯马射进制胜点球，淘汰波兰。

许多媒体质疑这支葡萄牙队：太古怪了！他们小组赛三连平；1/8决赛90分钟和克罗地亚打平，加时获胜；1/4决赛又打平了波兰，靠点球获胜。他们在90分钟的正赛里一场没赢，五连平，却进了欧冠四强？！

欧洲足球传奇洛塔尔·马特乌斯认为，葡萄牙的首席功臣是雷纳托·桑切斯。"葡萄牙对波兰，他拯救了葡萄牙。他的态度非常好，是真正的团队球员……葡萄牙五连平进到半决赛？足球真是太奇怪了！"

至于葡萄牙的442阵型，马特乌斯认为，他们完全可以直接摆皇马式的锋线：C罗居左翼，纳尼在中路，夸雷斯马在右路，桑切斯站6号位。现在葡萄牙这种踢法，并不适合C罗发挥。

德科，作为葡萄牙人，却有另一种看法。他认为这一届葡萄牙国家队没法很好地控制中场，但他们踢得很努力，防守积极，反击也很好。"足球有时是件需要平衡的事：主教练需要尽量平衡阵容，让每个人都高兴。"

不过，他们二人都承认：C罗为葡萄牙牺牲了许多。

半决赛，葡萄牙对阵威尔士，C罗将要对阵他的皇马队友贝尔。马特乌斯认为，截至半决赛，当届欧洲杯最佳球员是贝尔。"他踢得侵略性十足，而且肢体语言很让人欣慰。他是个真正的领袖，在用一切方法推着威尔士前进。"

但 C 罗证明了他可以把葡萄牙推得更远。

葡萄牙和威尔士都务实。威尔士三中卫布阵，锁死中路。葡萄牙则更稳健，中场佩雷拉一直护在双中卫身前形成中路三角，预备抵挡威尔士反击。一旦威尔士球员接球，雷纳托·桑切斯和若奥·马里奥便立刻在边路施压，纳尼和 C 罗则帮忙控制后卫给后腰的出球线路。总之，不让威尔士两翼轻易推起速度，逼迫贝尔回撤拿球。

贝尔有不少冲刺的机会，但他拿球时离禁区都极远，全场威尔士只有3 次射中门框。

有很长时间，威尔士像拉丁球队，在边路灵活穿刺；而葡萄牙却像英伦球队，不懈地传中。

第 50 分钟，葡萄牙边路起球。C 罗走位，原地起跳，头顶高度达到 2.8米，硬生生将一个不是机会的传中变成了机会，将球顶进球门。葡萄牙就这样依靠 C 罗的抢点意识、爆发力、弹跳，轰出了一个进球。

全队疯了，将 C 罗扑倒在地庆祝，压得 C 罗快窒息了。

这是 C 罗在欧洲杯的第 9 个进球，追平了普拉蒂尼的纪录，史上最多；也是 C 罗代表葡萄牙国家队的第 61 个进球，队史最多。

3 分钟后，C 罗又一次瞄准远端射门，纳尼中路一捅，葡萄牙 2 比 0 领先。然后，葡萄牙放弃控球权，全力紧缩防守，最终以 2 比 0 赢下比赛，晋级决赛。

此前威尔士淘汰比利时挺进四强时，贝尔说，这一切美好得不像真的。但这一场，不巧，他遇到了更务实的葡萄牙以及更有效率的 C 罗。

赛后葡萄牙全队围在一起唱歌，从年轻人桑切斯到老将夸雷斯马，无

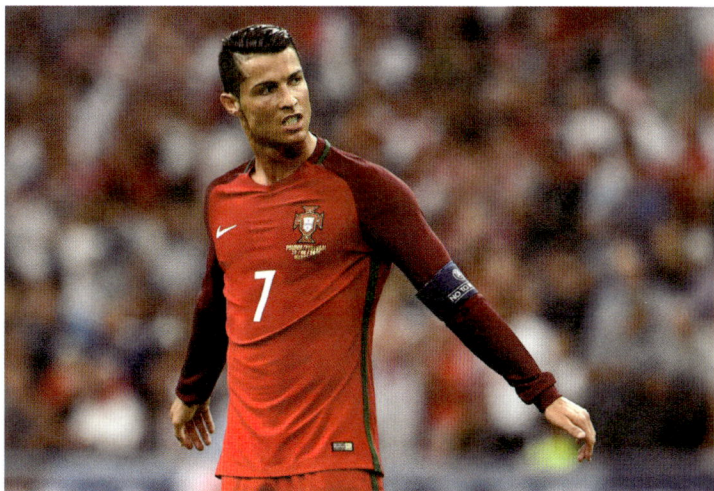
C 罗赛场瞬间

不纵情狂欢。C 罗笑得龇牙咧嘴：这是一支与 C 罗极为合拍的葡萄牙队，可以花哨，可以拼效率。

英伦媒体承认，这支葡萄牙队踢得很现实，狡黠、坚持、团结、坚韧，也许不够秀美，但足够拼命。

赛前，西班牙《国家报》称这是"'银河战舰'时代两位天才的决战"。比赛结果告诉了马德里人，谁才是皇马的王者。赛后，C 罗向贝尔致意，并赞美了他的表现，称这是一次"伟大的欧洲杯之旅"。毕竟，他们是对手，但也是队友。

2016 年欧洲杯决赛，葡萄牙对东道主法国。

12 年前，2004 年的欧洲杯，作为东道主的一员，C 罗带队打进决赛，但被希腊击败，屈居亚军。这一次，他要带领葡萄牙去挑战东道主了。

然后，发生了神奇的一幕。

决赛第 9 分钟，C 罗坐倒在地，流泪了：他的膝盖受伤了。

第 18 分钟，他第二次坐倒。

这是他一生中最重要的比赛，他强硬凶猛、坚韧不拔地将葡萄牙扛到了欧洲之巅，但自己却倒下了。

当时，有只飞蛾停在 C 罗的睫毛上。

时间仿佛静止了。

第三次坐倒后，C 罗举手了，他坚持不下去了。他将队长袖标摘下来，眼泪随即夺眶而出。

你可以理解他的感伤，这是他最好的机会。那只飞蛾静静地停在他的睫毛上时，仿佛在提示他：吻别冠军吧，命运就是如此残酷。

仿佛是命运的魔咒，18 年前，也是在这个球场，法国人击败了另一个罗纳尔多——巴西的那个，拿下了世界杯冠军。

但之后，神奇的事情发生了。夸雷斯马戴上了队长袖标，葡萄牙全场保持前场逼抢。保持三条线的间距，控制法国双后腰出球的线路，控制禁区落点，完美。没有了 C 罗，他们依然如此拼命。葡萄牙踢得很明确，他们在中路封锁了法国王牌安托万·格里兹曼的进攻。顺便说一句，格里兹曼所在的俱乐部球队马竞，刚在欧冠决赛里输给了 C 罗的皇马。下半场，第 75 分钟后，法国人的体能下降了，三条线距离拉大。葡萄牙则全队频繁换位。

被换下的 C 罗在场边，指手画脚地鼓励着队友。

葡萄牙换上在法甲里尔效力的前锋埃德尔，替下雷纳托·桑切斯。这是桑托斯教练的意思：该反攻了。埃德尔说，C 罗告诉他："你会是打进制胜球的那个人。"仿佛是咒语，仿佛是预言，加时赛第 19 分钟，埃德尔禁区外一个远射：葡萄牙 1 比 0 领先。

C 罗在场边咆哮，他走开两步，接着转身，和队友们抱在一起：他渴望和队友们在一起。纳尼赛后承认："C 罗在场边像个教练似的。"C 罗不停地吼："别冒险！传球！"

事实上，全队后来看到 C 罗在替补席那些手舞足蹈的视频都开怀大笑。他渴望融入球队，也渴望在这个他没法上场的场合为队友加油。桑托斯教练称，他没觉得自己的权威被削弱，他认为 C 罗在场边是"用自己的方式，释放了自己的紧张"。

葡萄牙 1 比 0 击败法国，拿下 2016 年欧洲杯冠军。

这是 C 罗人生中第一个洲际冠军，是葡萄牙国家队的至高荣誉，菲戈、德科和鲁伊·科斯塔等人没完成的，C 罗完成了，即使决赛时他大部分时间都待在场下。

至此，2016 年，他带领俱乐部拿下欧冠冠军，为国家队拿下欧洲冠军，真正成了欧洲之王。

冠军的夏天。人生最完美的夏天。

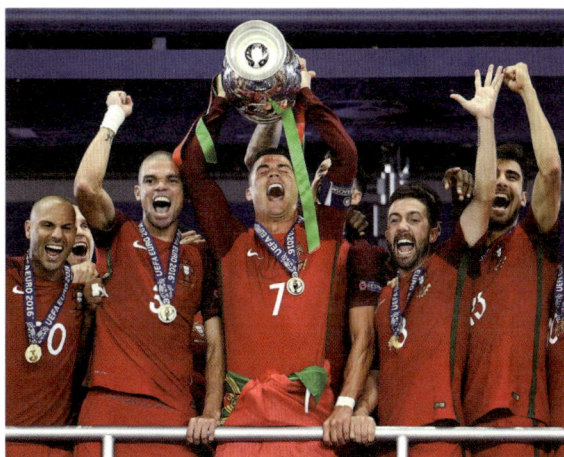

C 罗庆祝欧洲杯夺冠

转型与辉煌

12

2004 年欧洲杯，19 岁的 C 罗身穿 17 号球衣，帮助葡萄牙拿到欧洲亚军。那一年他进了 2 个球，都是头球。

2016 年欧洲杯，身穿 7 号球衣的 C 罗帮助葡萄牙拿下欧洲冠军，他打进 3 球，包括半决赛那个高得不可思议的头球。

12 年光阴流逝，C 罗已经不同了。

2004 年，他每 26 分钟就盘过对手一次，合计 16 次过人。

2016 年，他合计只过人 3 次，每 200 分钟一次。

2004 年，他是华丽盘带的边锋；2016 年，虽然不乐意，但他更多在中路作为终结者了。

在皇马，C 罗接受了齐达内"只要踢中路，就可以少防守"的条件；在葡萄牙国家队桑托斯教练的 442 阵型里，他也接受了更多去中路的任务。

他减少了自由，专注于进球，也得到了冠军。

为了赢得更多的胜利和冠军，他可以考虑放弃更多。

2016—2017赛季前三战，C罗缺席，继续休养自己的膝伤。他知道自己不再是铁人与超人。

拿了那么多冠军后，他多少表现出了稳重的那一面。2016年9月14日，欧冠对垒里斯本竞技，他射进了一个任意球，但没有庆祝。赛后，他对曾经的母队表达了敬意。"如今的我，是他们造就的。"也许2016年葡萄牙夺得欧洲冠军，看着队里那么多葡萄牙队友，尤其是曾经与他不太和睦的夸雷斯马，让他想起了曾经的里斯本岁月吧。11月，他将合同续到了2021年。就在这个月，他对马竞轰下了一个帽子戏法，让马竞球迷恨得咬牙切齿：此前的夏天，C罗已经从马竞手里拿走欧冠冠军了。之后，他带领皇马参加了世界俱乐部杯，并轻松夺冠，当然他也拿下了最佳射手和最佳球员。

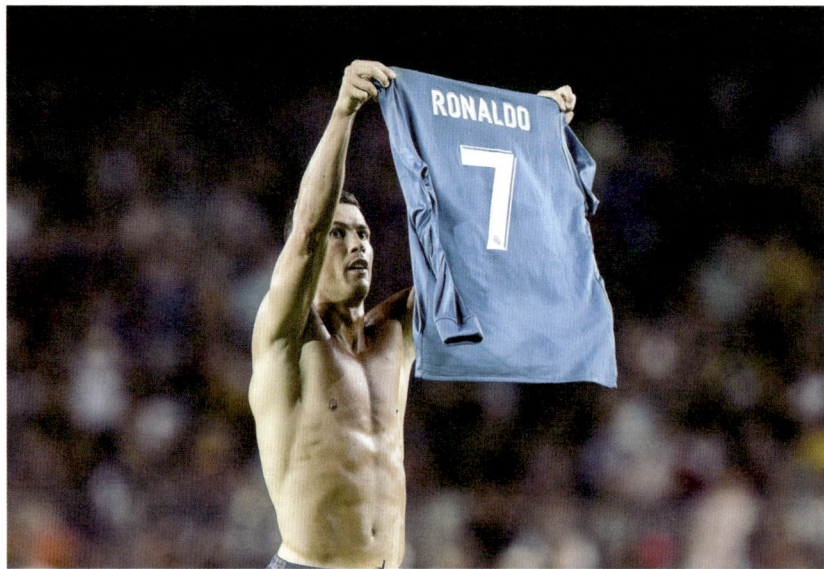

脱衣庆祝的C罗

顺理成章地，2016年的金球奖被他收入囊中——他第四次拿下金球奖了。

但他的进球数量和出场次数，都减少了。

齐达内从训练营开始就很沉静。2016年9月，皇马一度四连平，他也没有动摇。他稳妥使用了伊斯科、莫拉塔、阿森西奥和哈梅斯等人，让伤病对皇马的影响降到最小。他将后卫们的插上和头球能力发挥得淋漓尽致，让皇马可以打得更有效率。

对战马竞，他让伊斯科自由走位。他试着让莫德里奇、科瓦西奇、伊斯科组成中场，与巴萨对决。对阵塞维利亚，他更是摆出了卡塞米罗、克罗斯、莫德里奇、哈梅斯与阿森西奥组成的阵型，让两个中场去担当边路，并且居然也很成功。

最重要的是，他说服了C罗：接受轮换吧，把体力留到关键时刻。

此前，C罗渴望踢每一场比赛，渴望在每一场比赛中都进球。就在前一个赛季结尾，C罗出于对齐达内的尊重，接受了齐达内换他下场的决定。2016—2017赛季，齐达内让C罗更多地休息。

当然，这并不妨碍C罗在2016—2017赛季的29场联赛中打进25球，但这的确是他加入皇马以来单季进球最少的一次。除此之外，他在联赛中每场射门5.6次，盘带0.9次，61次射在门框范围内。而他加入皇马的第一个赛季，每场射门7.3次，盘带过人3.1次，98次射在门框范围内，打进了26球。

初到皇马的9号C罗有多意气风发、随心所欲，2016—2017赛季的7号C罗就有多内敛自持、重视效率。

欧冠赛场上的 C 罗

　　C 罗的精力，全都留在了欧冠。

　　2017 年 4 月 12 日，欧冠 1/4 决赛首回合，皇马对阵拜仁。在慕尼黑安联球场，拜仁气势汹汹，上半场由比达尔先进 1 球，1 比 0 领先。但下半场刚开始，卡瓦哈尔传中，C 罗急速前插抢点，1 比 1。第 77 分钟，阿森西奥左路传中，C 罗插上，一个捅射，"穿裆"了老冤家诺伊尔：这是 C 罗在欧冠的第 100 个进球。全场他 8 脚射门，2 个进球，皇马 2 比 1 赢球。

　　不过，拜仁终究是德甲巨人。4 月 18 日，在伯纳乌，双方打出了波澜壮阔的次回合比赛。

　　罗伯特·莱万多夫斯基先为拜仁进球，1 比 0，双方大比分打成 2 比 2。接着，卡塞米罗传中，C 罗穿过拜仁两大防守干将博阿滕和拉姆，一个头球得分，皇马以大比分 3 比 2 领先。1 分钟后，托马斯·穆勒与莱万冲击禁区，

　　　　　　　　　　　　　　　　　　　　　　　C 罗传奇

逼得拉莫斯打出乌龙球，拜仁将大比分追成3比3。比赛随即再次拖入加时。

加时赛第14分钟，拉莫斯吊球进禁区，C罗抢到落点，胸部停球，面对诺伊尔，一个翻身射门，皇马以大比分4比3领先。

拜仁不甘败北，全线压上。于是，皇马施展齐达内最爱的边路反击：马塞洛杀穿拜仁边路，送出横传，C罗再次得手，完成帽子戏法。皇马以5比3领先。2分钟后，阿森西奥再进1球。

这一战，与皇马2014年击败马竞极为类似：拖入加时，C罗发威，皇马击溃拜仁。C罗2场比赛打进5球，淘汰拜仁。这轮对决里的帽子戏法被认为是"完美帽子戏法"，C罗也就此拿到了自己在欧冠的第100个进球。

2017年5月2日，欧冠半决赛，皇马对阵马竞第一回合。开场第10分钟，C罗一个俯身甩头攻门，皇马以1比0领先。第73分钟，本泽马背身拿球横传，C罗高速右路插上，晃过费利佩，凌空抽射，2比0。第86分钟，巴斯克斯倒三角横传，C罗在失去重心的情况下扫射得手。

又一个帽子戏法，3场比赛第8个进球！

值得一提的是，对拜仁第一战，C罗在第77分钟进球；第二战，C罗在加时赛打进2球。对马竞，C罗的2个进球都在73分钟以后。他32岁了，但因为在轮换期间得到了休息，他有足够的体力在比赛末尾反复冲刺，斩获进球。

2017年西甲末轮，C罗单刀晃过马拉加门将，打进赛季第25球。联赛最后3场他打进5球，为皇马拿下了2016—2017赛季西甲冠军，也是他自己的第2个西甲冠军。科学的轮换让他得到了充分补给，从而有体力在2017年4月到5月间所向披靡。

2017年6月3日欧冠决赛，皇马对阵尤文图斯。作为欧洲足球史上最可怕的进球机器，C罗遇到了最好的守门员詹路易吉·布冯。

两年前，也就是2015年的欧冠半决赛，皇马被尤文图斯干掉，间接导致了安切洛蒂下课。

尤文图斯近6次进欧冠决赛，全部输掉，最近一次在欧冠夺冠是在1996年。皇马则在参加的过去5次欧冠决赛中全部取胜。本来这规律有利于皇马，但事实上自从欧冠进入现代以来，从没有球队卫冕过。

压力来到齐达内肩上，毕竟他是在尤文图斯效力期间拿到金球奖，然后再去皇马的。

尤文图斯的防守当世最强，他们在2016—2017赛季欧冠走到决赛的过程中，只丢了3球。意大利人用三中卫对付西班牙人的433阵型已有心得。布冯前面是意大利国家队的安德雷亚·巴尔扎利、莱奥纳多·博努奇与吉奥·基耶利尼三大防守名将。右后卫阿尔维斯则是巴萨旧将，此人与皇马左边卫马塞洛算是冤家路窄，他们都有能力从翼侧内切启动进攻影响比赛，更像是翼侧自由人。

这个赛季，皇马真正的特色是他们近乎狂热的好胜心。对拜仁匪夷所思的加时狂潮，对马竞第一回合的血洗，皆是如此。C罗凶猛果决的终结固然重要，但更关键的是马塞洛带起的狂野热情。齐达内说马塞洛感染力十足。实际上，他就是个火焰般的舞者。

2017年欧冠决赛，双方在上半场踢成了1比1。尤文图斯上半场表现极佳，他们让C罗在第7分钟才第一次触球：左翼面临夹击，一脚射飞。看起来，C罗一点都不像是要统治这场比赛的样子，但他还是首开纪录了：

C罗庆祝自己获得的第2个西甲冠军

尤文图斯进攻被断，皇马球员快速一脚出球，C罗中路接球，传右路，插上，接传球，干净利落地一脚射门，打入个人欧冠第104球。

之后尤文图斯的曼朱基奇还了一个伊布式的进球：禁区内接到传球，轻点一下，凌空倒钩。皇马守门员纳瓦斯站位靠中路，完全补不到这么刁钻的左上角射门。

上半场，尤文图斯的3412阵型是成功的：他们在532阵型与352阵型之间灵活切换，中路严密封锁，逼迫皇马到两翼后，再压缩翼侧找反击。

但这一招，在下半场忽然不灵了。

半场休息，齐达内做出改变，要求伊斯科加快处理球，这样皇马才能更快地找到机会。马塞洛在左翼送出一个优美的传中找到远离门柱的C罗，让尤文图斯一下紧张起来。3分钟后，卡塞米罗一个远射，折射进球。在此之前，皇马已经围着尤文图斯狂轰滥炸了半天。

第64分钟，尤文图斯中路严密封锁。于是皇马远离前场，两边卫马塞洛和卡瓦哈尔插上；莫德里奇在离球门35米开外调动，从左路到右路，后插上传中；C罗弧线跑位，绕开基耶利尼得分——个人欧冠第105球。由此，皇马3比1领先，这是皇马下半场完美布局的体现。

之后尤文图斯的夸德拉多侵犯拉莫斯，吃了红牌，间接判了尤文图斯死刑。马塞洛内切，轻松传球，阿森西奥打进了皇马的第4球，4比1。

决赛之前，尤文图斯只丢了3球。

决赛中，皇马一场进了4球。

这是齐达内的大师级布置：

马塞洛积极插上，接应进攻。除助攻阿森西奥那球之外，他、C罗、本泽马和卡瓦哈尔经常摆出4人包围禁区的架势，而莫德里奇后排的大范围调度则令皇马的进攻迅猛异常。皇马没跟尤文图斯在禁区前多纠缠，而是快速转移，两翼出球，不断地向中路横传，让尤文图

皇家马德里 4 比 1 战胜尤文图斯，夺得欧冠冠军

斯的中路围堵很头疼。一旦尤文图斯试图反击，皇马的边线和后腰便会通过联合钳制反抢解决。面对皇马两肋不断地左右起球，巴尔扎利和基耶利尼等人铲了一个，又来一个。拉开阵势之后，伊斯科的推进才显得有意义。

于是，终于有了卡塞米罗的趁乱远射，有了 C 罗和阿森西奥的接传中进球。实际上，皇马进的 4 个球，有 3 个来自禁区内的短传中抢点。C 罗进球前，是后方持续不断的烈火燎原、两翼横传。

　　皇马达成了现代欧冠中无人达成的奇迹——卫冕。上个赛季中途接手球队并夺下欧冠冠军，齐达内已经够神奇了。至此，他创造了属于自己的新历史。

皇马站在领奖台上庆祝夺冠

C 罗传奇

而 C 罗呢?

2016—2017 赛季欧冠合计进 12 球,连续五届拿下欧冠最佳射手。从 1/4 决赛到决赛,5 场淘汰赛打进 9 球,是史上第一个在三届欧冠决赛中都有进球的球员。个人拿下第 4 个欧冠冠军,职业生涯 600 个进球达成。

他又一次为球队做出了牺牲与改变,而球队的成绩也回报了他。

但是,辉煌还没完呢。

2017 年夏天,C 罗像个机器人一样做调整。据说他减了 3 公斤体重,上肢肌肉都少了。

2017 年 8 月 13 日,皇马在西班牙超级杯中 3 比 1 击败巴萨,比赛过程极具戏剧性。下半场皇马左后卫马塞洛射门击中皮克折射入网,梅西射进点球扳平,但第 80 分钟,C 罗反击射门得分;兴高采烈之际,他脱衣庆祝,吃了张黄牌。2 分钟后,C 罗被判假摔,两张黄牌累积成一张红牌,被罚下场。第 90 分钟,皇马反击,马科·阿森西奥得分。赛后,马德里媒体津津乐道,认为这是一场典型的齐达内式反击胜利。

2018 年 9 月,齐达内变阵,基本确定球队阵型为 442,菱形站位:伊斯科担任假 9 号,C 罗与本泽马在前。贝尔因为伤病,慢慢退出轮换了。

2013 年贝尔来到皇马时,许多马德里人认为他是来接替 C 罗的,所谓"C 罗是现在,贝尔是未来"。可当贝尔已经支撑不住时,C 罗依然在巅峰呢。

C 罗继续接受齐达内的轮换安排,但他需要时间适应。2017—2018 赛季初,8 场西甲比赛,他只进了 1 球。好在他在欧冠赛场依然能进球。2017

马塞洛、C罗、拉莫斯高举奖杯

年12月6日，皇马对阵多特蒙德，他打进1球，成了欧冠史上第一个在小组赛所有比赛中都进过球的人。第二天，C罗拿到了2017年的金球奖。

至此，梅西拿到了2009年、2010年、2011年、2012年和2015年的金球奖；C罗拿到了2008年、2013年、2014年、2016年和2017年的金球奖。

他俩打成了5比5。

更确切地说，C罗先以1比4落后梅西，随后追成了5比5。

2017年，C罗的有球能力并不在巅峰期：他32岁了，速度、柔韧性、技巧都在下降。但他有些东西在进步：起脚前的走位和步点调整，抢点意识，起速之后的小技术。

何以追到5比5？

C罗传奇

C 罗获得第 5 个金球奖

论个人创造机会的能力，哪怕在巅峰期，C 罗也不如梅西。但大概 C 罗找到了自己的定位：欧洲足球史上最勤奋耐劳、肯跑、富有进取心的进球永动机。

C 罗的射门很好，任意球很好，远射很好，盘带很好，但到 2017 年夺得第 4 个欧冠冠军时，他最卓越的技能却是头球抢点，以及包抄射门前的步伐调整。他拥有史上无双的反复无球冲刺能力以及进球欲望。在不懈地靠无球跑动、抢点、冲刺、拿球后快速摆脱制造机会，"不是机会也能跑出机会来抢一脚"方面，C 罗几乎举世无双。

2013 年欧冠前 7 场，C 罗跑了 70,696 米。

2015 年，C 罗跟西班牙短跑王罗德里格斯赛跑。25 米内，C 罗跑了 3.61 秒，罗德里格斯包了 3.31 秒。一点都不丢人：人家是专业短跑的嘛。其实 C 罗这个速度，很吓人了。

根据 2014—2015 赛季前半段的统计，C 罗每场要跑 8.3 千米。2015 年秋天，皇马冠军联赛的队内统计为：前 4 场比赛，克罗斯跑了 47,898 米，C 罗跑了 46,198 米。

能跑、肯跑，是件很重要的事。

世界都爱天才，人们觉得跑是件很没意思的事，觉得足球运动员不该像田径运动员，但跑的能力和欲望非常重要。在一两球的处理上，史上有许多球员比 C 罗精巧。射一脚门，传一脚球，停一下球，来个高难度处理，许多人都不下 C 罗。但是延长到一整场比赛，在所有人都累了，动作走形了，无法稳定保持气势的情况下，还能肆无忌惮地攻击你，这方面 C 罗就显得极其出众了。如果再延长一点时间，在五六年的时间里，每场比赛都能从头到尾，不断地靠冲刺和爆发，搏到进球机会，C 罗就是欧洲足球史上唯一一人了。欧洲有多少跑不死的抢点王，多少处理球的机会主义大师，但如 C 罗这么"量大管饱"，通过反复冲刺、摆脱找到射门机会发起攻击，五年如一日的，没有其他人了。

在 C 罗于 2009—2017 年进的 381 个球里，有 151 个球集中在比赛后

30 分钟射进，87 个球集中在最后 15 分钟射进。

在 C 罗于 2016—2017 赛季欧冠进的 12 球中，有 4 球是在 75 分钟以后进的。对拜仁那场完成帽子戏法，更是在加时赛击溃拜仁。

许多人都说 C 罗勤奋，实际上，勤奋、耐劳与无限的进取心，有时正是最卓越的天赋。

C 罗高高跃起，准备庆祝

三连冠 13

2018 年 2 月 14 日，欧冠 1/8 决赛第一回合，皇马 3 比 1 干掉了坐拥内马尔、卡瓦尼与基利安·姆巴佩的巴黎圣日耳曼。齐达内又施妙手：此前，皇马对塞维利亚 5 比 0，对皇家社会 5 比 2，用的都是 442 站位加上反击策略。克罗斯、莫德里奇中路调度，阿森西奥翼侧冲刺。

但对巴黎一开场，齐达内便摆出 4312 阵型：莫德里奇、克罗斯、卡塞米罗控制中场，伊斯科在前串联 C 罗和本泽马。

上半场，皇马控制局势。巴黎无法推前布阵，只能靠长传。不过，皇马的 4312 阵型也缺乏边路冲击。双方陷入你来我往的泥淖战。巴黎靠快速的边路策动，中场阿德里安·拉比奥跟进，率先进球，1 比 0 领先。但皇马靠左路突破得到点球机会，由 C 罗射入点球扳平。

下半场，皇马还是高位逼抢，但巴黎圣日耳曼至少到比赛第 80 分钟还是成功的：利用皇马的边路空隙，取得局部人数优势。阿尔维斯推上右翼与维拉蒂配合，姆巴佩到左翼与拉比奥、内马尔配合。

然后，齐达内做了关键调整：

阿森西奥上场，皇马摆出 442 反击阵型。阿森西奥支持了边路的马塞洛，终于一个突袭，阿森西奥扫传门前，C 罗忽然在后点出现，2 比 1。随后马塞洛、克罗斯、阿森西奥快速配合，又完成了第 3 个进球。

欧冠赛场上的 C 罗

C 罗传奇

这就是 2018 年的皇马：他们可以稳稳地踢大半场，在最后 10 分钟忽然变阵切换节奏。皇马的 3 个进球全都起自左路，而 C 罗的抢点也确实能解决问题。

对阵巴黎圣日耳曼的第二回合，皇马 2 比 1 赢球。第 50 分钟，卢卡斯·巴斯克斯传中，C 罗大禁区前助跑，小禁区边缘起跳，滑翔 2 米破门。之后，他又助攻卡塞米罗进球。赛后不少媒体认为，C 罗的大禁区助跑、小禁区起跳、滑翔破门，简直违背科学原理，所以巴黎防守者都没意识到"这家伙是奔着进球去的"。

但更不科学的事情，还在后面呢。

2018 年 3 月 18 日，西甲第 29 轮，皇马对赫罗纳，C 罗完成个人的第 50 个帽子戏法——实际上，又是一个"大四喜"。4 月 3 日，欧冠 1/4 决赛首回合，皇马遇到了前一年决赛的对手尤文图斯。

此前皇马对阵巴黎圣日耳曼，齐达内采用 442 平行站位打得顺风顺水，通过反击淘汰了巴黎。到都灵对阵尤文图斯时，齐达内则用了钻石菱形中场，将赌注下在西班牙中场伊斯科身上，结果赌对了。伊斯科与左后卫马塞洛撕开尤文图斯防线，开场 3 分钟，就给 C 罗送了一脚神奇传球。C 罗得分，1 比 0。

但之后一小时，皇马都在为菱形中场还债。

菱形中场太窄，尤文图斯的两肋可以轻松穿过中场。

克罗斯与莫德里奇彼此相隔太远，皇马提不起速度。

比赛进行到第 64 分钟，只看场面的话，尤文图斯比皇马踢得好多了。随后齐达内决定换下本泽马，摆出 4411 阵型，尤文图斯的进攻才被遏制住。

然后 C 罗连进 2 球，皇马 3 比 0 击败尤文图斯。

这是 C 罗 2018 年的终极之战，是他在 33 岁时成为终极射门机器的一战！

皇马的首个进球，是 C 罗快速分边，走位，接球不调整射门打进的。第 3 个进球，C 罗抢点到位，得分便是一脚的事。当时在伊斯科出球瞬间，C 罗全力加速，找准点，最后由直变横右脚发力。脚上的力道、步伐的调整、身体的控制，臻于完美。

但最惊人的，是让尤文图斯崩溃的第 2 个进球：皇马送出传球，C 罗看位置，三大步，一个小垫步，起跳，抡腿，一个凌空倒钩射门。

当时，他的右脚凌空达 2.4 米。

太不科学了，但这居然是真的。

这个球击溃了尤文图斯，也让尤文图斯球迷感佩。都灵的尤文图斯球迷为 C 罗献上了掌声，他们的球队在主场输给了 C 罗的帽子戏法，但他们心服口服。这是真正的对伟大表现的尊重。

这也成了一个伏笔：C 罗从此似乎对都灵的球迷有了别样的好感。

第二回合，尤文图斯一度在伯纳乌 3 比 0 领先，但皇马获得点球，C 罗一球定胜负，皇马淘汰尤文图斯，跻身欧冠四强。

2018 年欧冠半决赛，皇马的对手是老熟人拜仁慕尼黑。

4 月 25 日对拜仁首战，皇马旧将哈梅斯·罗德里格斯直塞，约书亚·基

全神贯注的 C 罗

米希进球，皇马 0 比 1 落后。第 44 分钟，马塞洛进球将比分追到 1 比 1。之后，阿森西奥进球，皇马 2 比 1 赢球。这是 C 罗这个赛季第一次被对面挡得没法进球。

5月1日，第二回合开打，C罗还是没进球。拜仁的基米希开场3分钟打进1球，但之后，本泽马头球破门。下半场，本泽马又一个闪击得手。哈梅斯为拜仁打进1球，但皇马守住了胜果，晋级到决赛。

5月26日，欧冠决赛，皇马对阵英格兰的利物浦。当场明星云集，但最大的话题却是利物浦守门员洛里斯·卡里乌斯。下半场，卡里乌斯抛球失误，球直接被本泽马截获，本泽马破门，1比0。

虽然利物浦的萨迪奥·马内立刻扳回1球，但齐达内随即派上此前一直养伤的贝尔，让C罗和本泽马前压。贝尔随即施展凌空远射，让皇马2比1领先。第83分钟，贝尔再次弧顶远射，卡里乌斯扑球脱手，3比1。

丢掉第3球后，卡里乌斯用球衣掩嘴，满眼哀伤：他崩溃了。在最高的舞台，他却给出了这样的表现。

皇马3比1击败利物浦，完成了不可思议的欧冠三连霸。

值得一提的是，齐达内又一次神奇换人，派上贝尔，贝尔独中2球，拿下胜利。不过贝尔的进球方式——C罗和本泽马为他牵扯，他在中路获得射门机会——正是当年贝尼特斯想要推广，但C罗不太喜欢的安排。

这就是 C 罗的 2017—2018 赛季：

西甲联赛，他只出赛 27 场，打进 26 球。他养精蓄锐，在欧冠打进 15 球，连续 6 年拿下欧冠最佳射手，并与皇马一起完成了欧冠三连霸。

完美的转型。终极的胜利。

话说，C 罗走过了一段多么漫长的道路呢？

2003 年 8 月，时年 18 岁的 C 罗代表里斯本竞技，3 比 1 干掉了曼联。

皇家马德里拿下欧冠三连霸

C罗夺得自己在曼联的首冠

弗爵爷为之折服。然后他去了曼联。

那时他还是个单车少年：迅速、华丽、冲动，但发力不算精确。

2004年欧洲杯，当时菲戈还在葡萄牙穿7号球衣，C罗只能穿17号，踢另一侧边锋。

他在曼联的第一个赛季，在英超贡献4球4助攻，在欧冠贡献0球0助攻。

第二个赛季，在英超贡献5球4助攻，在欧冠贡献0球2助攻。

第三个赛季，在英超贡献9球6助攻，在欧冠贡献0球0助攻。

第四个赛季，在英超贡献17球8助攻，在欧冠贡献3球4助攻。

2006年世界杯，让鲁尼吃了红牌后，C罗回到了曼联，一度被英格兰球迷针对。

但也是在那一年，他开始变了：肌肉明显增加，体格明显壮硕，耍花式大为减少，冲刺更加积极。2006—2007 赛季，弗爵爷开始让 C 罗、鲁尼、萨哈和索尔斯克亚搭前锋班子。那一年 C 罗和鲁尼一样，各类比赛合计进 23 球。

下一年，特维斯到来。弗爵爷做了变招：让鲁尼、C 罗和特维斯自由走位，鲁尼是实际的假 9 号真支点，C 罗则可以发挥他的无球突击能力，成为终极攻击手。他联赛进 31 球，各类比赛合计进 42 球，曼联拿到欧冠冠军，他自己拿下首个金球奖。

如此，2007—2009 年这两年，是 C 罗职业生涯中真正的转折点。曼联和 C 罗，一起发现了他真正的归宿：

他的边路突击单车过人可以很华丽，可是他真正所向无敌的，是冲刺、弹跳和射门那一脚。从此，C 罗从一个优秀的突击手开始向史上最强无球终结者变化。

2009 年到达皇马后，他是 4231 阵型里的左前锋。卡卡和厄齐尔都跟他合作过。他在反击时左路疾进，在阵地战积极内切，单季进 33 球、53 球、60 球、55 球都有。

那时他踢得很自由。2009—2010 赛季，C 罗在西甲每场 7.3 次射门里有 4 次是禁区外远射，3.1 次盘带过人，3.2 次被犯规。

2010—2011 赛季，他在联赛轰进 40 个球，每场 7.4 次射门，2.2 次过人，2.6 次被犯规，但被断球和因为失误丢球，每场也有 4.3 次。那一年的欧冠，他 12 场比赛进了 6 个球。

这是在皇马第一阶段的他：自由的左路进攻手，以远射、盘带、突击、自由跑轰为标志。

2013 年贝尔到来后，C 罗成了皇马 433 阵型里的左前锋。那一年，他联赛场均 7.2 次射门，只有 2.9 次在禁区外了——他不再肆意挥霍远射机会了。

2014—2015 赛季，C 罗满 30 岁，联赛每场过人只有 1.4 次了，但每场丢球和失误合计也只有 2.4 次。那一年，他每场 6.4 次射门，联赛轰进了生涯中最高的 48 球，并贡献了 16 次助攻。

用他自己的话说便是："我现在更多的是个禁区球员了。"

2015 年开始，C 罗作为无球终结者的巅峰期到来。2015—2016 赛季，C 罗联赛攻进 35 球，每场盘带过人只剩 1.4 次；欧冠 12 场攻进 16 球，每场只盘带过人 0.8 次，最终拿下欧冠冠军。

2016 年欧洲杯，C 罗每场只过人 0.4 次，拿下欧洲冠军。那是在他接受了齐达内与桑托斯教练"你踢中路，可以免去边路回防"的要求之后。

2016—2017 赛季，C 罗在欧冠 13 场进 12 球，每场只过人 1.2 次（联赛 0.9 次），每场禁区外射门不到 2 次，最终成功卫冕。

2017—2018 赛季，C 罗在欧冠 13 场进 15 球，每场只丢球 2.1 次，少到惊人，禁区外射门只有 1.4 次，差不多是巅峰期的三分之一，拿下欧冠三连霸。

这是 C 罗的皇马终极形态。

C 罗重心高，小幅度连续变向不易，也没有华丽的上身假

C 罗传奇

BBC 组合名满天下

动作，但步频在这个身高里很快。许多球员射门那一脚，是要调整步幅放慢速度的，但 C 罗急速跟进时，经常是不减速的，只是步子变得特别密，调整，射门。

年少时，C 罗喜欢巧妙的挑射。2009—2013 年那几年，C 罗的踢法有点像阿根廷名将加布里埃尔·巴蒂斯图塔：刚劲霸道，射门如要穿网而过。变成禁区机器后，C罗的大幅度抢腿暴击就变少了。没什么长虹贯日的猛击，更多的是跑动、碎步调整、低平的一条线打角度——终极效率机器。他经过挑选、拣择，用非人类的执拗让自己完成了转型。

在2015—2017年间，意大利名帅阿里戈·萨基时不时念叨："C罗实际上已经没法盘带过人了。"但他也说过，比起才华横溢的"外星人"罗纳尔多，他更喜欢C罗。不只是因为他当年去马德里看安切洛蒂时，看到C罗一个人提前一个半小时在那儿训练，还在于趣味。萨基是个极重视整体的教练，他曾为了战术阵型，与意大利名将罗伯特·巴乔对峙。巴乔曾认为萨基固执："如果哪个教练认为阵型完整比克鲁伊夫还重要，那真是疯了。"

但恰是认为战术至上，萨基才觉得C罗很好。大概，这是因为C罗在不停地简化自己的技术，扬长避短：超越个体技巧，在意自己的战术功能，少带球，少远射，减少个性化的炫示，成为终极禁区机器。

C罗转型背后，另一个隐藏因素是本泽马。

这些年，C罗身边的搭档起起落落、来来去去，只有本泽马与C罗共始终。C罗担当433或4231阵型的左锋时，本泽马是箭头中锋。齐达内将C罗改造成双前锋之一时，本泽马是C罗的僚机。

2015—2016赛季，C罗神威天降，欧冠12场进16球。而在西甲联赛中，C罗在3183分钟里运动战射进29球——加上点球35球，本泽马在1979分钟里运动战射进24球。

2017—2018 赛季，本泽马联赛只进 5 球，每场射门 2.3 次，只有两年前的一半，但有 10 次助攻，在西甲排名第四。他给 C 罗传球，为 C 罗牵扯跑位，让 C 罗可以舒服地抢点。对此，《马卡报》的圣地亚哥·西格罗说："本泽马现在是个 9 号半。"一个曾经热爱"外星人"的 9 号中锋，踢成巴乔的位置了。

在欧冠半决赛对阵拜仁、决赛对阵利物浦时，本泽马都表现神勇。

C 罗获得了一切荣誉，本泽马则担当了完美副手。

弗洛伦蒂诺·佩雷斯把一切都看在了眼里。

随即发生了神奇的变故：2018 年 6 月初，刚完成欧冠三连霸的齐达内决意离开皇马。

大概齐达内明白，以皇马现有的阵容，无法重续辉煌，势必需要改变。而改变的话，齐达内和主席的心思有点不一样。他也知道，皇马的改变，必须要在主席认可的前提下进行。如果不按主席的步骤走，主席对齐达内的信赖——齐达内成功的关键根基——便会动摇。在皇马当主教练，并不容易。齐达内自己也说："在这里当 1 年教练，抵别的地方 10 年。"

在弗洛伦蒂诺眼里，C 罗 33 岁了，拉莫斯、莫德里奇和马塞洛也 32 岁了。

齐达内在 1998 年世界杯夺冠后，目睹了功勋老帅艾梅·雅凯急流勇退。他知道，一旦很难再重续辉煌，就该明智果决地离开。

于是，齐达内离开了皇马，三连冠时代就此结束。

C 罗呢？

败北 与 告别 14

2018 年夏天，俄罗斯世界杯开战。全世界都在等着看，C 罗的葡萄牙和梅西的阿根廷会打出怎样的表现来。

毕竟他俩都得了空前的 5 个金球奖；毕竟他俩一个拥有 5 个欧冠冠军，一个拥有 4 个欧冠冠军；毕竟他俩都创造了一大堆历史纪录。他们离世界足球历史之王，似乎只差一个世界杯冠军。

谁拿到世界杯冠军，谁就能在 5 比 5 的平局中踏前一步，甚至直逼足坛巅峰传奇贝利和马拉多纳。

2018 年世界杯小组赛首轮，C 罗上演帽子戏法，带葡萄牙 3 比 3 逼平西班牙。

与两年前的欧洲杯相似，葡萄牙上演热血绞杀战。开场压迫控球者，球到翼侧就夹击，边后卫上提施压。西班牙一度得靠伊涅斯塔回撤到本方后卫线身前才能拿球，首次攻到葡萄牙禁区是第 9 分钟的事了——已经 0 比 1 落后了。

西班牙被迫进行大量横传，以此寻找推进机会，但葡萄牙的跑动很勤勉。西班牙喘过气来，是 15 分钟之后的事了。不过，西班牙的应变着实了不起：通过空切打身后，形成边路渗透。于是葡萄牙被慢慢地压缩回去，西班牙则如海浪般漫过来。

葡萄牙也不是不想好好打反击，但上半场，除了找头球抢落点外，他们唯一的反击就是找 C 罗。

西班牙依靠迭戈·科斯塔射进 2 球，依靠纳乔远射得分打进第 3 球。控球率方面，西班牙 66%，葡萄牙 34%，射门次数 13 对 6，射正门框 6 对

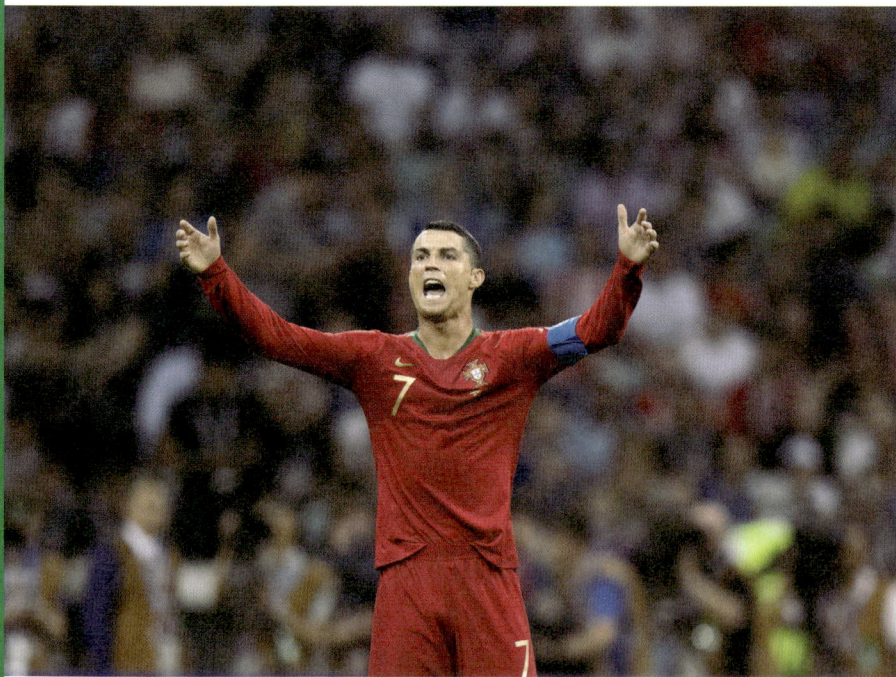

国际赛场上的 C 罗

C 罗传奇

3，西班牙的确如海浪般席卷葡萄牙。葡萄牙实际上只有开场 10 分钟和收尾 10 分钟的抵抗有效，之所以还能咬住 3 比 3 的比分，就是因为有 C 罗。

C 罗全场只有 4 次射门，一个任意球打了人墙，其他 3 个都进了球。

第 1 个球，不算机会，他全场唯一一次试图过人，踩单车造了点球，进球了。第 2 个球，他调整好步点，一个里瓦尔多式远射，德赫亚扑救脱手，球进了。第 3 个球，他死神般凝视前方，然后射出任意球得手，完成帽子戏法。

C 罗全场触球 52 次，在全队排第三，仅次于卡瓦略和格雷罗。也就是说，除了那 3 个进球之外，他都在不停地回撤接应，参与防守，来回冲刺，最后还抽了筋。有趣的是，被 C 罗打进 3 球的西班牙守门员德赫亚，正在被皇马主席弗洛伦蒂诺花 1 亿欧元高价追求。这场比赛，弗洛伦蒂诺就在现场。看着自己想买的守门员被自己想卖的 C 罗进了 3 个球，想必是一番五味杂陈的感觉。

小组赛次轮，C 罗头球破门，葡萄牙 1 比 0 击败摩洛哥。与此同时，梅西表现平平，阿根廷被后来的当届世界杯亚军克罗地亚 3 比 0 击败。但赛后，克罗地亚的中场王牌、皇马欧冠三连冠的中场核心、将获得 2018 年金球奖的卢卡·莫德里奇，以梅西老对手的姿态平静地说出事实：

"梅西不可思议，但他无法独自完成一切。"

阿根廷主帅若日·桑保利承认："我们都没法把球传给梅西，让他进入他习惯的节奏。我们尽力给他传球，但对手竭力阻止他接球。"

小组赛最后一轮，C 罗射飞了点球，葡萄牙 1 比 1 打平伊朗，小组排名第二出线。梅西也带着阿根廷以小组第二的排名出线。

明明葡萄牙与阿根廷都不是大热门球队，但仅仅因为有 C 罗与梅西，世界就会关注这两支球队。

因为，如上所述，他俩就是有这么伟大。2018 年，全世界都在看这场绝代双骄的竞逐。

梅西的沉静与自持，C 罗的倔强与勤苦。

天才的创造者，终极的攻击手。

5 个金球奖对 5 个金球奖。

巴萨与皇马。

阿根廷来的热爱祖母与青梅竹马的少年，葡萄牙海岛上拒绝被看低的热情洋溢的少年。

一个进球后会双手指天跟故去的外祖母示意，一个进球后会将自己背上的 7 号号码张扬给全世界看。

他们都缺一个世界杯冠军。

如果 2018 年，他们任何一个人拿到世界杯冠军的话……

然而，小组出线之后，命运的玩笑来了。

1/8 决赛，阿根廷对阵法国。阿根廷 10 号梅西面对的是法国 10 号——比他小 11 岁半、身价 1.8 亿欧元的天才少年基利安·姆巴佩。这本该是阿

国际赛场上的 C 罗

根廷 10 号梅西的闪耀之战，结果成了他的送别之战，也成了姆巴佩的成名之战。

法国队主帅是 1998 年作为队长带领法国队拿下世界杯冠军的迪迪埃·德尚，后腰出身，性格保守，但知错就改，擅长不求有功但求无过的反击。阿根廷主帅桑保利则处境尴尬：小组赛，他破不了冰岛的密集防守，对克罗地亚换 343 阵型被打穿，对尼日利亚摆出 442 阵型却经常打出 361 阵型的感觉，靠长传梅西和两边传中才赢球出线。

对阿根廷一战，明明法国阵容更强，但德尚紧缩防守，让全队都收着打。阿根廷前场丢球，于是，拥有当世最快速度的法国小将姆巴佩中场拿球，一路奔袭，造了一个点球。法国 1 比 0 领先。

法国左路卢卡斯·埃尔南德斯反击前插，送出传中，右后卫本杰明·帕瓦德跟进，打进超级远射。

定位球乱战中，姆巴佩进球得分。

反击中，巨人中锋奥利维尔·吉鲁给姆巴佩做球，姆巴佩一脚打进。

到姆巴佩打进全队第 4 个球时，法国队的控球率只有 38% 而已。

反过来，阿根廷主帅桑保利布下了 433 阵型，首发阵容里却没有抢点能力绝佳的塞尔吉奥·阿圭罗，也不派上身高 186 厘米的冈萨洛·伊瓜因，只由梅西独自突前。于是法国队得以藏拙，紧缩，打反击。

阿根廷依靠安赫尔·迪玛利亚的远射得分，之后加布里埃尔·梅卡多和替补上场的阿圭罗也进球了。但法国还是以 4 比 3 淘汰阿根廷，结束了上届亚军阿根廷的世界杯之旅。本场独进 2 球还造了一个点球的基利安·姆巴佩，就此一战成名。

1998 年 12 月出生的姆巴佩，身高虽只有 178 厘米，但双腿极长，步伐巨大。他重心不高，步伐轻盈。他最喜欢的突破方式很奇怪：保持重心，交叉步横抹走内线做假动作，然后磕球变向，长腿忽然伸出，从对手身侧呼啸而过。而一旦队友送出身后球，他就能强行从对方身前启动，眨眼间弥补两个身位的差距接球。

此前一个赛季，他在法甲与欧冠中合计进 17 球，贡献 11 个助攻，但这场比赛后，全世界都知道他有多强了。在某种程度上，是这场比赛让姆巴佩真正走上了巨星之路。

就在梅西和阿根廷被淘汰时，另一场 1/8 决赛，C 罗的葡萄牙输给了

乌拉圭，即梅西的巴萨好队友苏亚雷斯淘汰了 C 罗。绝代双骄就此结束了
2018 年世界杯之旅，连被淘汰，他俩都是前脚后脚。

乌拉圭的塔巴雷斯教练聪明狡猾。他始终保持双后卫与后腰线的滞后，
两后卫到中场就找长传，两边前卫不轻易进前场 30 米区域。乌拉圭摆出
了西蒙尼教练的马竞式防守：卡住传球路线，防传中严抢前点，针对的就
是葡萄牙缺乏快速推进的能力，只能通过斜传转移慢慢往前挪。球到前场
30 米区域了，乌拉圭的防守也成形了；于是传中，被破坏，如此反复。这
就导致葡萄牙遇到乌拉圭，根本无法发起有效进攻。

乌拉圭的反击则卓有成效：苏亚雷斯套边传中，卡瓦尼后点得分，1 比 0。
第 55 分钟，葡萄牙由佩佩打进 1 球扳平。没过多久，本坦库尔横传，卡
瓦尼调整步伐接应传球，弧线射门得分，乌拉圭 2 比 1，干脆利落。乌拉
圭全场就是靠两个优秀前锋：卡瓦尼勤奋，擅长奔跑；苏亚雷斯狡猾、妖异。

C 罗在比赛后半段着急了，拉到两个禁区角盘带突破，但他的突破能
力已过巅峰，他的传中队友也争不到。

最终葡萄牙 1 比 2 败北。

梅西与 C 罗在同一天被淘汰，同一天在球队握有控球率优势的情况下
被淘汰，同一天被巴黎圣日耳曼的两个前锋——姆巴佩和卡瓦尼——用速
度淘汰。他俩在这届世界杯上的进球，梅西是打尼日利亚时在反击中接巴
内加长传后的得分，C 罗则依靠的是定位球与反击。这是个保持整体队形（乌
拉圭最后 20 分钟的防守）、拼反击速度（姆巴佩与卡瓦尼的进球，梅西
自己对尼日利亚的进球，C 罗对西班牙的运动战进球）的时代了，纵然强
如梅西与 C 罗，也很难以一己之力逆天改命。

葡萄牙的真实实力也就此显露出来了：两年前他们拿下欧洲冠军，并非他们的实力凌驾于对手之上，而是靠连续的平局，加上 C 罗的头球击倒威尔士，加上坚韧地缠斗法国拼赢的。他们只是恰好有一个 C 罗，以及一个肯拼的团队。

对阵西班牙 3 比 3，令世界感受到了 C 罗的倔强与危险。但 1 比 0 险胜摩洛哥、1 比 1 平伊朗，其实才是 2018 年葡萄牙的真正实力。

世界杯败北后，C 罗的又一条爆炸性新闻传出来了：他要离开皇家马德里了。
2018 年 7 月，尤文图斯砸出 1 亿欧元，买下了 C 罗。

一个月前，齐达内离开皇马时，人们已隐约猜到了这个结局。但 C 罗最终离开时，弗洛伦蒂诺主席还是让世界震惊了。对弗洛伦蒂诺主席而言，谁都不是不能放弃的。劳尔、迪玛利亚、卡西利亚斯都可以，C 罗为什么不可以？

据说尤文图斯给 C 罗开出了 3000 万欧元的年薪，他们的意图也很明白：此前的 2017 年，巴黎圣日耳曼花 2.2 亿欧元买下了巴萨的内马尔，花 1.8 亿欧元买下了摩纳哥的姆巴佩，被认为是为法甲打了针强心剂。意大利媒体认为，意甲也需要顶尖球员压阵，毕竟全世界那些上亿欧元的大买卖，都在西甲、法甲做了。

对尤文图斯而言，C 罗依然是个能收割进球和球迷的超级明

C 罗加盟尤文图斯

星：实力当世顶尖，球衣销售和比赛转播都会受益；3000 万欧元年薪，有赞助商愿意付其中的 2000 万欧元；球队也获得了传奇。传出 C 罗加盟的消息后，尤文图斯的股价上涨 33%，季票价格涨幅超过 30%。

于是 C 罗走了，和齐达内类似：到离开也没和弗洛伦蒂诺闹翻，相对有尊严地、宾主尽欢地离去了。

在尤文图斯的三年

15

2018 年 8 月 18 日，C 罗身披尤文图斯 7 号球衣首次出战意甲。但赛季前 3 场比赛他都没进球。9 月 16 日对阵萨索洛，他终于打进 2 球：第 2 个球是他职业生涯的第 400 个联赛进球。

为什么进球来得迟？

尤文图斯前 3 场意甲比赛，两场摆 433 阵型，一场摆 4231 阵型。C 罗或被顶在前面作为单箭头，或被放在左路。单箭头很容易陷入对方后卫的包围。左路突击更适合 2013 年的 C 罗，但 2018 年，他毕竟 33 岁了。

此前 3 年，齐达内让 C 罗担当双前锋之一，不惜一度将 1 亿欧元身价的贝尔搁在板凳上。当左右有马塞洛与卡瓦哈尔传中，身后有莫德里奇和克罗斯给球，身边有本泽马牵扯时，大弓拉开，C 罗就能化身飞箭，展示他历史顶级的无球冲击力了。但在尤文图斯，马西里米亚诺·阿莱格里教练将 C 罗放在禁区等球，或到左翼拿球，都已不再适合他了。

对萨索洛之战，尤文图斯摆的是 442 阵型，却经常变成 4312 阵型。C 罗既不在左路，也不在中路独自突前，而是双前锋之一。

于是，C 罗在禁区中乱战抢点打进第 1 球。随后反击中 C 罗包抄，右路有队友拉开，一个低射，进第 2 球。可 C 罗似乎并不算开心：错过一个帽子戏法的机会后，他懊恼地踢了一脚门柱。

3 天后，欧冠小组赛，尤文图斯对阵巴伦西亚，C 罗助攻曼朱基奇进球，拿到了自己的第 100 场欧冠胜利。随后因为"暴力冲突"，他吃到了自己欧冠比赛中的第一张红牌。

2018 年 12 月，一个历史性的时刻到来了：卢卡·莫德里奇因为代表皇马得到欧冠冠军，代表克罗地亚得到世界杯亚军，拿下了金球奖，就此结束了 2008—2017 年长达 10 年的梅西与 C 罗对金球奖的统治。

在 2019 年 1 月对 AC 米兰的比赛中，C 罗打进制胜进球，让尤文图斯拿到了意大利超级杯冠军。然后在 3 月 12 日，尤文图斯欧冠 1/8 决赛对阵马竞第二回合——第一回合尤文图斯输了，0 比 2——比赛前，C 罗发出了豪言：

"我会上演帽子戏法，让尤文图斯逆转晋级。"

"我有 5 个欧冠冠军，马竞有几个？"

先前阿莱格里教练总是试图平衡 C 罗、曼朱基奇与迪巴拉的战术地位，他想出的办法是：C 罗居左，曼朱基奇居中，迪巴拉居右，结果不行。

到了 2019 年春天，阿莱格里教练改回了 433 布阵，具体进攻思路是：

快速出球，反击时，C罗从左翼向左肋推进，曼朱基奇从中路向右拉开空间，迪巴拉则从右边锋变成9号半。这里常能形成一个妖异的错位：433到阵地战变4312，然后争取两翼起球。

尤文图斯以这样的打法，在对马竞第一回合时失手了，0比2败北。马竞摆出了招牌的442防守，每次尤文图斯后场拿球，马竞就开始干扰第一传球路线。当尤文图斯横传转移时，马竞全线向一侧横移，两边中场回收，控制尤文图斯传中。

C罗上演帽子戏法，淘汰马竞

第二回合，阿莱格里教练下赌注了：352阵型，两翼齐飞。结果对马竞第一回合，尤文图斯15次传中，0比2败北；对马竞第二回合，尤文图斯38次传中，3比0取胜。C罗果然上演了帽子戏法，回报了全队的信任。

C罗的第1个进球来得无比精彩。贝尔纳德斯基左翼起球，马竞集体回防，每个位置都有人补到位，按说毫无破绽，可C罗硬生生后点抢进了——后点加速，起跳，就多了一个脑袋的高度，球进了。不是马竞防守不努力，他们就是被超凡的个人能力强行击败了。

第2个进球也是如此，C罗右路起球时，马竞中路挤满了后卫，可他依然抢点得手。

之后，尤文图斯的反击和边路出球都开始生效，贝尔纳德斯基左路内切突击，要到点球，C罗射进，完成帽子戏法。

"我会上演帽子戏法，让尤文图斯逆转晋级。"C罗说到做到。

强大的意志力，恐怖的求胜欲，34岁了，C罗的比赛嗅觉与瞬间爆发力依然凌驾于所有人之上，击溃马竞，挽尤文图斯于绝境中。过去5年的欧洲赛场上，马竞两次客场被进3球淘汰，都是C罗一个人进的球。

　　　　　　　　　　C罗传奇

C 罗的标志性庆祝动作

　　然而，尤文图斯不是皇马。在 1/4 决赛对阿贾克斯的两回合比赛中，C 罗也各进 1 球，但尤文图斯没能赢下阿贾克斯。好在他们最后还是拿下了 2018—2019 赛季的意甲冠军，C 罗成为第一个在英格兰、西班牙和意大利都拿到联赛冠军的球员。离开皇马的第一个赛季，他为尤文图斯打进 21 个联赛进球，拿到了意甲官方颁布的赛季最佳球员。

但 2019 年夏天，变故又来了：尤文图斯换掉了阿莱格里教练，请来了切尔西的毛里奇奥·萨里。

阿莱格里是个随机应变的改造大师，什么阵型都能摆得出来，性格方面也温文尔雅。萨里教练却是另一番模样，他的趣味和套路展现得非常直白。

萨里教练是银行职员出身，少年时没踢过职业足球。这类教练，都有点固执，有点理想主义，坚持原则，一根筋到底。他在那不勒斯铸造了"萨里风"，到切尔西后也是照搬原样。许多人将其战术套路描述为"纵向 tiki-taka"，阵型基本是 433，具体踢起来，风格很统一：

无球权时全队施压，防线上压，全攻全守，三条线的间距压缩到 20 米，甚至 15 米以内。得到球权后，守门员、中卫与后腰负责组织，快速纵向给球。全队都争取一脚出球，直切前场。进攻时三锋线内收，边卫推上，后腰靠后，形成激进的 343 阵型。但经常是主攻一侧，比如在切尔西和那不勒斯，他的球队都主打左侧奔袭。

萨里有一点很固执，他喜欢纵向突刺，并不太喜欢传中。这套路相当需要体能，而萨里又不是个肯改变的人。尤文图斯原先由基耶利尼与博努奇组成的中卫防守无懈可击，唯一的缺点是二人都年纪不小了。

此外，萨里喜欢的 433 阵型，三前锋是相对内收的，给边后卫以插上空间，让边锋参与轰门。萨里很喜欢倾侧一边进攻。他的体系需要前锋有冲刺、跑位和回撤拿球能力。

萨里要求全队施压逼抢，无人例外。像一切推崇全攻全守的教练一样，他或多或少都会跟球队那个最有才华的进攻者有点龃龉。

　　　　　　　　　　　　　　　　　　　　C 罗传奇

事情果然没那么美好。

新赛季开始，萨里教练要求 C 罗防守时大量回撤，进攻时阵型则基本从 433 变成 343 甚至 352。尤文图斯的中场中路插上打得有声有色，C 罗却经常远离禁区；而顶在进攻第一线的，则是 32 岁、已不再锐利的伊瓜因。

接着，萨里被迫做出了调整，C 罗开始在联赛中进球。比如 2019 年 12 月 18 日，C 罗高高跳起，将一个传中球顶进了桑普多利亚的球门。2020 年 1 月 6 日，他对卡利亚里上演了他在意甲的首个帽子戏法。之后对阵斯帕尔，在尤文图斯球员拿球，夸德拉多立刻前插还没接球的一瞬间，C 罗便已经调整到加速模式准备包抄——盲侧切，对方后卫看着球，没注意到背后的野兽已经启动了。5 秒后，夸德拉多右翼传中，C 罗进球前，还来得及减速调整步点，就跟博尔特跑 100 米冲线时减速似的。因为之前的启动冲刺，已经让他抢到足够的身位了，于是球进得分。

这是 C 罗在连续 11 场比赛都有进球的情况下打进的第 16 个球，也恰好是他在生涯第 1000 场比赛中打进的第 725 个球。

自从萨里不固执地使用三前锋战略，专心让 C 罗和迪巴拉（偶尔是伊瓜因）配对以来，C 罗就没停止过进球。当然，C 罗的踢法简化了：回撤接应球，保持进攻的构建、球路的疏通；看两翼展开，球也出得来了，转身一个前插，带走对方，进攻施压；跑动中看到队友有长传球机会了，一个盲侧切，球也传过来了。

这种踢法的坏处与好处都很明显：尤文图斯不必踢得太复杂，只要简洁地靠一脚出球摆开阵型，两边前插，中路跟进，流水线作业就行。

可遇到强队，这种踢法就显得太简单而不够用了。欧冠 1/8 决赛首回合，

庆祝进球的 C 罗

尤文图斯 0 比 1 输给法国里昂。

次回合，里昂的阵线摆得很稳，尤文图斯没什么纵向突破，只好来回倒脚，低效率地不断传中。全场尤文图斯 39 次传中轰炸，但伊瓜因只能保证牵制一个后卫，C 罗则经常是一个人跟两个人争顶。C 罗打进了一个点球，但不够。下半场，C 罗着急了：他回撤拿球，横带，左脚远距离一脚轰门。

一个小数据：2018 年在皇马的最后一年，C 罗在欧冠赛场每场在禁区外射门 1.4 次，在禁区内射门 4.1 次。

2019—2020 赛季在尤文图斯，C 罗每场在禁区外射门 2.5 次，在禁区内射门 2.6 次。

C 罗传奇

也就是说，在皇马踢欧冠，C罗只要专注在禁区射门就行；而在尤文图斯，他一半的射门要靠自己在禁区外抢。

结果他确实能进球，但挽救不了尤文图斯。C罗独进2球，可里昂还是依靠客场进球优势淘汰了尤文图斯，这就让萨里教练得不到管理层的宽恕了。

2019—2020赛季，C罗仍旧为尤文图斯打进了31个联赛进球。他对桑普多利亚的进球，让尤文图斯拿下意甲九连霸。可这依然不是一个快乐的赛季，尤其是梅西依靠个人的神勇表现——单季51个进球，将巴萨带到了2019年的欧冠四强。之后梅西更是得到了2019年金球奖——个人第6个金球奖，比C罗的5个多了1个。

2020年夏天，萨里教练卸职，尤文图斯3年内的第3个教练安德烈·皮尔洛上任。

皮尔洛生于1979年，是意大利史上最卓越的中场之一。刚出道时，他踢中场位置，但在AC米兰，他被安切洛蒂改造成了后腰。他拥有足球史上罕见的视野与长传技艺，能在本方半场送出辐射范围遍及全场的传球。安切洛蒂在AC米兰拿下2003年与2007年的欧冠冠军时，皮尔洛都是指挥官。2006年，他代表意大利拿下世界杯冠军。他自己从没拿过金球奖，但他的指挥帮助舍甫琴科与卡卡拿到了2004年和2007年的金球奖。2011年，皮尔洛32岁，带AC米兰拿下一个联赛冠军，然后去了尤文图斯。接着，他一口气又拿了4个联赛冠军。

他是足球史上最擅长运筹帷幄的球员，当了教练之后呢？

皮尔洛先让尤文图斯摆 442 阵型，随后逐渐变成 352 阵型。他希望进攻时两翼只负责前插，两个箭头 C 罗和莫拉塔留在中路。一旦能推进到前场，就变成类似 3232 甚至 2332 的阵型：中路聚集起码 3 个进攻点，两翼拉开。皮尔洛有自己的原则，他接受采访时说，球员们缺少奋斗的气势。

结果 2020—2021 赛季，尤文图斯只拿到联赛第四名。欧冠 1/8 决赛，尤文图斯被波尔图淘汰。淘汰的方式极为古怪：2021 年 3 月 9 日，尤文图斯对波尔图第二回合的最后时刻，波尔图的奥利维拉射任意球。当时，与队友一起组成人墙的 C 罗见球飞来，转身躲避，球恰好从他身下飞入球门。

这一球引发了巨大争议。传奇主帅卡佩罗认为："C 罗不应该躲避，他在排人墙时转身，是不可原谅的错误。"

皮尔洛试图解释："球员们认为这个任意球距离太远了，没什么危险，所以会转身。"可媒体还是不管不顾地揪着 C 罗：躲球！

于是，2020—2021 赛季成了一个失败的赛季。C 罗在 31 场联赛中打进 29 球，但尤文图斯一无所获。于是，素以毒舌见长的意大利前球星安东尼奥·卡萨诺出手了。

卡萨诺跟 C 罗不睦，已经有年头了。2019 年 9 月，卡萨诺说："梅西是史上最佳球员，无与伦比。C 罗或许是现象级球员，但梅西在另一个层次。"半年后，卡萨诺模仿穆里尼奥来了一句："真正的罗纳尔多只有一个，那就是'外星人'。"

卡萨诺的有些话并不算过分："梅西的天赋是与生俱来的，C 罗靠的是后天的努力。"这不好听，却是实情。但随后，卡萨诺又是一句："C

罗能进球，但梅西会让身边的队友变得更加出色。"卡萨诺说C罗的确几乎能场场进球，但"他踢得很自私，根本就不在乎队友能否进球，他不是为了比赛而活着，而是为了进球而活着"。

2021年3月，尤文图斯被波尔图淘汰后，卡萨诺更是认为尤文图斯三任主帅——阿莱格里、萨里和皮尔洛——共同的问题，都是C罗。他认为萨里带队明明踢得很好，C罗才是问题之源。

C罗大概没时间跟卡萨诺斗嘴，他要带葡萄牙参加欧洲杯呢。

2020年欧洲杯，葡萄牙对阵匈牙利，C罗先点球射进了个人第五届欧洲杯的第10个球，然后再过掉门将攻进第11球，独享正赛最高进球纪录——此前，他和普拉蒂尼以9球并列第一。他也成了第一个连续五届欧洲杯都进球的球员。后来葡萄牙对阵法国，C罗打进2个点球，追平了伊朗射手阿里·代伊创造的109球的国际比赛进球纪录。

不过1/8决赛对阵比利时，C罗没能有进球进账。比利时摆出3241阵型，葡萄牙则以4321阵型防守，C罗独自突前。比利时的小阿扎尔左翼远射得分后，球队改而摆出523阵型，双腰后撤。葡萄牙派上了少年天才若奥·菲利克斯，但他也得不到突破机会。最后，葡萄牙0比1被淘汰。

C罗在当届欧洲杯打进5球，拿下欧洲杯最佳射手，并将欧洲杯进球纪录从9个提升到14个，载入史册。

相比起来，他大概更乐意看到 2016 年进 3 球帮助球队夺冠的结果吧。

自从 2018 年离开皇马后，他依然能进球，在国家队，在俱乐部，都还能有漂亮的数据，但皇马三连冠的荣耀、2016 年欧洲冠军，这些辉煌似乎再难重现了。

俯身亲吻足球的 C 罗

C 罗传奇

他 36 岁了，一切都在匆匆逝去，过去的光荣，巅峰的状态，等等。

同样是 2021 年 6 月的事，在地球另一边，美洲杯开打了。

梅西带领阿根廷在决赛中击败巴西，拿下了 2021 年美洲杯冠军。梅西自己 6 场比赛进 4 球，并贡献 5 个助攻，拿下美洲杯金球奖和金靴奖：阿根廷所进的 12 个球里，梅西参与了 9 个。最后，他与内马尔分享了美洲杯最佳球员的荣誉。阿根廷时隔 28 年，终于拿到了美洲杯冠军。

赛后，阿根廷球迷疯狂了。他们顶着疫情期间的禁令，去布宜诺斯艾利斯方尖碑周围庆祝。110 米宽的七月九日大道，人山人海。

说起来，七月九日大道有典故值得一说。1816 年 7 月 9 日，阿根廷人赢得独立。100 年后，阿根廷人承办了第一届美洲杯，就是为了庆祝他们独立 100 周年。

但梅西在大喜之后，立刻经历了命运的摆弄。

此前一年，2020 年秋天，梅西因为不满巴萨主席巴托梅乌，一度想过离开。最后他留下来了，但巴萨自己因经营不善导致债务重重，积重难返。

2021 年 3 月，巴萨新主席拉波尔塔上台后所要面对的问题是：2021 年 7 月 1 日，梅西的合同将到期。

于是 2021 年 8 月 5 日，巴萨在一份简短声明中如此宣布：

在球队度过 17 个赛季后，梅西将不会与他效力过的唯一一家俱乐部巴萨续约。

为巴萨出战778场比赛，进672球，贡献269次助攻，赢得10个西甲冠军，7个国王杯冠军，8个西班牙超级杯冠军，4个欧冠冠军，2个欧洲超级杯冠军，3个世界俱乐部杯冠军。

　　一度想要终身效力于巴萨的梅西，要被巴萨因为"财务和结构障碍"而放弃了。

　　3天后，2021年8月8日，在诺坎普的新闻发布会上，梅西流泪承认，他得离开巴塞罗那了。

　　2018年夏天，为皇马打进450球、拿下4个欧冠冠军的C罗，被皇马放弃。

　　2021年夏天，为巴萨打进672球、拿下4个欧冠冠军的梅西，被巴萨放弃。

即便梅西与C罗、巴萨与皇马鏖战数年成为传奇，但是终究也抵不过时间的流逝。

2021年8月10日，巴黎圣日耳曼宣布签下梅西。

与此同时，C罗也将走向下一站了。

回家，
但已
不再是家

16

2021 年 8 月 22 日，意甲新赛季开始。球迷们诧异地发现，尤文图斯对乌迪内斯的首发前锋是莫拉塔，而 C 罗则坐在板凳上。

尤文图斯当季迎回了主帅阿莱格里，他解释不让 C 罗首发的原因是"身体状况问题"，C 罗则直白地表示，他已经不想留在尤文图斯了。8 月 26 日，有传言说 C 罗和他的经纪人门德斯已经和曼彻斯特城队达成协议，但一天后，情况发生了天翻地覆的变化：C 罗去了曼彻斯特，不过是回归他的母队曼联。

据说，弗爵爷起了决定性的作用。

于是，时隔 12 年，C 罗回归曼联。
"C 罗回家了。"

曼联随即宣布，C罗会继续穿7号球衣——尽管此时的曼联7号是乌拉圭的卡瓦尼，但卡瓦尼接受了改穿21号球衣的安排。这个消息传出后，曼联7号球衣卖爆：此前，梅西去巴黎圣日耳曼，他的30号球衣销售破了纪录；C罗这一次回家，7号球衣也立刻破了销售纪录。

于是在2021年8月，疯狂的故事上演了：梅西离开巴塞罗那去了巴黎，C罗离开尤文图斯回到曼彻斯特；梅西穿上一件新球衣，C罗穿上一件旧球衣。

时光流逝，一切都是可能的。

重返曼联的C罗庆祝进球

2021 年 9 月，C 罗又创造了一个纪录：在葡萄牙对阵爱尔兰的世界杯预选赛中，他射中 2 球，成为足球史上为单个国家队进球最多的球员——此前，他与伊朗的阿里·代伊共享 109 球的纪录。

实际上，这显示出了 C 罗的坚持。

巴西有过一个天才阿德里亚诺，他 23 岁时为国家队出赛 30 场进 22 球，而 C 罗 23 岁时为国家队出赛 64 场进 24 球。

但阿德里亚诺 23 岁后就堕落了，而 C 罗却坚持了下来。

实际上，C 罗在 2003—2015 年间，为国家队出赛 123 场，进了 55 球。那时他主打边锋，负责给队友传球。

2015 年后，C 罗变成如他自己所言的"禁区球员"。2016—2018 年，他作为禁区终结者，在俱乐部为皇马完成欧冠三连霸，在欧洲杯为葡萄牙赢下欧洲冠军。

2016—2021 年，C 罗为国家队出赛 61 场，进了 60 球。

2006、2010 和 2014 年三届世界杯，C 罗一共进了 3 球。

2018 年，葡萄牙的世界杯之旅早早结束，但 C 罗进了 4 球。

2004、2008 和 2012 年三届欧洲杯，C 罗一共进了 6 球。2016 和 2020 年两届欧洲杯，C 罗一共进了 8 球。

虽然都说 C 罗为葡萄牙进这么多球是 18 年之功，但其实其中一半是在他 30 岁之后完成的：只要给他机会，他就依然可以成为终结者。

2021 年 9 月 11 日，C 罗回归曼联首战，在传奇开始的老特拉福德球场，

C 罗双手指天

他独进 2 球，曼联 4 比 1 击败纽卡斯尔。

上半场补时阶段，他看到队友射门便立即启动，抢到机会补射。下半场曼联被追平后，反击，C 罗斜向跑位，跑出传球角度，接着右脚接球蹚一步，跑动中左脚穿裆射门，进 2 球。

曼联摆 4231 阵型，C 罗是突前的那个"1"，但他屡屡回撤接应，大

C 罗传奇

量拉左边。上半场曼联多次使出 C 罗回撤，他的葡萄牙队友 B 费——布鲁诺·费尔南德斯前插的套路。曼联进的第 3 球，便来自 B 费的远射：他进球的瞬间，C 罗向左跑动拉扯，给 B 费拉开空间。

然而，从这场比赛也看得出来，曼联两边的传中质量并不够好，后腰的问题依然严重。在两翼没有太优质的传球的情况下，C 罗进的 2 个球，第 1 球是补射，第 2 球是反击，第 3 和第 4 球看似与他无关，却是曼联前场穿插传倒，拉开来创造的机会。

> 一个轮回，C 罗完成生涯中首个帽子戏法，是在 13 年前的 2008 年，当时曼联的对手正是纽卡斯尔。

直到 2021 年底，C 罗在曼联都还表现不错：他在欧冠小组赛打进 6 球，让曼联在小组赛晋级。2021 年 12 月对阿森纳，C 罗打进生涯第 800 个进球。

但之后，出问题了。

2019 年，C 罗曾在欧足联年度球员颁奖前认为："我和梅西互相推进。能成为足球史的一部分很好。"之后，他对《法国足球》的负责人蒂耶里·马尚说过一段话：

"当你成功的时候，你会很容易留在你的泡沫中……"

他表示，梅西没有离开自己的舒适区，而他则去了都灵，去了新的俱乐部，体验了不同的足球文化，获得了新的冠军。他称："我冒了这个险，这让我失去了去年的金球奖。我不后悔，但是……如果梅西这一年获得金球奖，我就不踢球了！"

然而 2019 年，梅西拿到了第 6 个金球奖，比 C 罗多了 1 个。

2021 年 12 月，梅西拿到了第 7 个金球奖，比 C 罗多了 2 个。

C 罗与梅西

C 罗没出席颁奖礼，也没有祝贺梅西。他只是在社交网络上说自己"总是愿意在体育精神和公平竞争的范围内祝贺得奖者"。之后，他点赞了一个捧自己、贬梅西的球迷，并评论道："Factos（葡萄牙语'事实'的意思）！"

C 罗心态的变化，似乎也和球队有关。在曼联，他和队友与主帅拉尔夫·朗尼克处得一般，一度 2 个月几乎没有进球。之后他又经历了大腿伤病，直到 2022 年 3 月才回归，在对托特纳姆热刺的比赛中完成帽子戏法。4 月 16 日，对诺维奇，C 罗完成自己在俱乐部比赛的第 50 个帽子戏法。几天后，他打进个人英超第 100 球，但曼联 1 比 3 输给了阿森纳。

回归曼联的这个赛季，他在联赛中打进 18 球，所有比赛合计进 24 球。他被评为曼联赛季最佳球员，但曼联也只排在了联赛第六而已。

这是自 2010 年以来，C 罗第一次一整个赛季什么冠军都没拿到。

更糟糕的是，因为曼联排名联赛第六，2021—2022 赛季，C 罗——5 次欧冠冠军得主、欧冠进球纪录保持者——居然踢不上欧冠了。

于是 2022 年秋天，C 罗的经纪人门德斯开始和其他球队接洽：拜仁？巴黎圣日耳曼？切尔西？总之，得有一个配得上 C 罗的豪门。最后 C 罗哪儿都没去成，而是留在了曼联，他也如在尤文图斯那样，失去了首发位置。

2022 年 10 月 9 日，曼联对埃弗顿，C 罗替补上场，打进生涯中第 700 个俱乐部进球。10 天后，曼联对热刺，C 罗拒绝替补上场，在比赛结束前离开了球场。曼联主帅滕哈赫决定对 C 罗处以停赛的惩罚，之后 C 罗回归，滕哈赫又表示"C 罗是球队重要的部分，他得承担更多的领导责任"。

2022 年 11 月 14 日，情况复杂了。

C 罗找到了媒体人皮尔斯·摩根，进行了一番对谈。C 罗公开表示，

略显落寞的 C 罗

滕哈赫弃用 C 罗

他觉得自己被滕哈赫背叛了。他指责了签下一年合同的教练朗尼克，他认为自从 2013 年弗爵爷离开后，曼联毫无进步，球队老板格雷泽家族不在乎球队，曼联如今已是一个市场营销俱乐部。

这就基本宣布了 C 罗和曼联的一刀两断，也基本宣布了 C 罗在欧洲大俱乐部踢球的时光结束了。

C 罗传奇

2022 年 10 月，2022 年金球奖评选结果出来了，继 2018 年的莫德里奇后，又一名皇马球员得到金球奖——C 罗的老搭档卡里姆·本泽马。他带着皇马——没有 C 罗的皇马——拿到了 2022 年的欧冠冠军。

2018 年，C 罗离开皇马后，本泽马成为皇马首席前锋。之后 4 个赛季，他的进球数分别是 30 球、27 球、30 球、44 球，尽管不如 C 罗巅峰期多，但也很漂亮。与此同时，他的欧冠进球数来到了历史前四，皇马队史进球数来到了第二……

2022 年的金球奖，既是酬报本泽马 2021—2022 赛季的传奇演出，为他的第 4 个欧冠冠军加冕，也像是对他职业生涯的一次完美总结：

里昂时期一心想当"外星人"的年少早达的天才，初到皇马时被抱怨只靠天分却不肯努力的小胖子，减肥后大杀四方的皇马中锋，欧冠三连霸时 C 罗的完美僚机。

多少人年少早达，一到豪门碰壁就完了，本泽马却来得及减肥重塑肌肉，来得及转型改变。

这里的微妙之处是，本泽马崇拜"外星人"，也深知"外星人"天赋的恐怖，"我不可能做出他那样的动作"。

2011 年开始减肥，从那个一心想当"外星人"却被马德里媒体说成"新阿内尔卡"的小胖子，变成不停为球队转型的"背锅马"后，他一路走到了现在。"外星人"在 34 岁半就以"肥罗"的姿态退役了，而本泽马在快要 35 岁时拿到金球奖，并在各类比赛中不断进球。

他没有"外星人"的世界杯冠军与单届进 8 球之类的传奇，但有 5 个欧冠冠军。在"肥罗"退役的年纪，本泽马单季进 44 球，拿到金球奖，而且还要继续走下去。

这对 C 罗而言，是另一个角度的打击。

在他离开皇马后，梅西拿了 2 个金球奖，他的队友拿了 2 个金球奖。他自己在尤文图斯和曼联都能进球，但已经没有有分量的冠军了；而梅西得到了美洲杯冠军，本泽马得到了欧冠冠军。

还有什么其他冠军可以拿呢？

2022 年 11 月，卡塔尔世界杯要来了。C 罗提前宣布：

如果他能帮助葡萄牙夺得世界杯冠军，他将立刻退役，"是的，退役，100%"。而一旦无法夺冠，C 罗表示自己最多再踢两三年，在 40 岁退役。

不难理解 C 罗的思路：如果继续踢 3 年，除非再拿两三个欧冠冠军，或者又来一个单季进六七十球之类的传奇纪录，否则也只是在原有基础上继续添枝加叶。他的球风，他的年龄，都决定了他只能在"足球史上最强终结者""欧洲之王"之类的头衔上加固。

但如果拿下一个世界杯冠军，那对他的职业生涯而言就是质变。所有能靠世界杯冠军压 C 罗一头的巨星，将不再是威胁；而他本身就有欧洲乃至足球史上最吓人的累积数据。巅峰退役，光芒万丈。

在俱乐部，他和尤文图斯、曼联的关系都不太愉快。那在国家队争取世界杯冠军，就是他最后一次可以压倒梅西的机会了。

2022 年世界杯开幕了。在葡萄牙 3 比 2 战胜加纳的比赛中，C 罗打进葡萄牙的首个进球。他进球之前，所有人都很紧张，而最紧张的似乎是他自己。开场 9 分钟，C 罗停球过大，单刀掉进对方守门员怀里。之后，他在禁区左侧小角度找到一个不算机会的机会，也要左脚抢一下。他真的很渴望进球。

下半场第 9 分钟，左肋位置，C 罗发现没有右脚推远角的机会，便左

世界杯上雄心壮志的 C 罗

脚踩了个单车横传，但晚了一步。之后，他造了点球，并亲自打进，葡萄牙1比0。

至此，C罗在五届世界杯中届届进球，创了纪录，个人世界杯合计已进8球。

C罗喜形于色地想进更多的球。小组赛第三场对韩国，C罗被换下场时表现出不快，被葡萄牙媒体批评。1/8决赛葡萄牙对瑞士，他替补上场：这是2008年以来，他第一次在大赛中坐葡萄牙国家队的板凳。而恰是他替补的这场比赛，葡萄牙的冈萨罗·拉莫斯上演帽子戏法，葡萄牙6比1淘汰瑞士。

赛场上无奈的C罗

C罗传奇

之后的 1/4 决赛，葡萄牙被摩洛哥淘汰。C 罗替补出场，但于事无补了。

另一边，命运的巧合发生了。

C 罗想拿到 2022 年世界杯冠军就巅峰退役，压倒梅西。

可是拿到 2022 年世界杯冠军的，恰是梅西。

2022 年世界杯决赛，阿根廷对法国。法国的姆巴佩上演帽子戏法，但梅西独中 2 球，整届世界杯打进 7 球。阿根廷与法国战至 3 比 3 进入点球大战，梅西射进点球，帮助阿根廷拿下世界杯冠军。梅西就此登顶，并将在 2023 年 10 月拿到创纪录的第 8 个金球奖。

2018 年，C 罗拿到自己的第 5 个欧冠冠军时，在金球奖数量上追平了梅西——5 比 5。

但 2023 年，两人的金球奖数量为 5 比 8，而且梅西拿下了世界杯冠军。

C 罗与梅西，这漫长的对决，至此似乎终于要走到结尾了。

尾声 17

2022 年 12 月世界杯结束，梅西夺冠，C 罗出局。12 月 30 日，C 罗和沙特阿拉伯的利雅得胜利队签约到 2025 年。据估计，他的年收入可以达到不可思议的 2 亿欧元。

几天后，C 罗在沙特利雅得胜利俱乐部亮相。

"迄今为止，我感觉极好。我很自豪自己做出了这个重大的人生决定。"

他表示不再眷恋欧洲了："在欧洲，我的工作已经完成了。我赢得了一切，我效力过欧洲最好的球队。对我来说，现在是新的挑战，人们并不知道这里的足球水平。在欧洲，我打破了所有的纪录，现在我希望在这里也打破一些纪录。"

他当然知道，大家在谈论"C 罗从此离开世界足球的中心了"，所以他说："我知道自己想要的是什么，更知道我不想要什么。所以这是一个很好的机会，用我的足球理念去改变和帮助沙特，这就是我加盟这里的原因。很多人以前不知道利雅得胜利，现在他们知道了。我不担心人们怎么说，我真的非常高兴来到这里。"

他顺便还提了一句，在2022年世界杯上，"沙特是唯一击败了冠军阿根廷的球队"。

然后，时光继续流逝。

2023年8月，阿拉伯冠军杯决赛，利雅得胜利经过加时赛2比1逆转利雅得新月夺冠。

这是他职业生涯的第35冠。

2个月后，2023年金球奖评选结果揭晓，梅西拿到第8个金球奖。而C罗，从19岁到37岁，年年进入金球奖候选名单，这一次却没能进入最后的30人候选名单。自2003年以来，他第一次掉出这个名单。

2023年最后一场比赛，他代表利雅得胜利出战，打进了他2023年的第54个进球。

于是，他成了2023年世界足坛进球最多的球员——压倒英格兰的哈里·凯恩，压倒法国的姆巴佩，进54球，其中俱乐部44球，葡萄牙国家队10球。

这是他职业生涯中第五次单年进球世界最多，此前是在2011年、2013年、2014年和2015年，那是他在皇马的巅峰岁月。

这一年，是如此微妙的一年：他离开了欧洲，离开了世界足球的中心，连金球奖候选名单都没进入。但在国家队，在俱乐部，他还在坚持不懈地

Siuuuuuuuuuu!

创造高龄进球纪录。

2023 年的最后一个进球，非常有 C 罗的风格：这是这一年的最后一场比赛了，比赛第 92 分钟，球队 3 比 1 领先，胜负已定了。

38 岁的他，头球得分。

哪怕到了最后，他也不想放弃得分的机会。

接受沙特媒体采访时，C 罗如是说：

"我很高兴，这对我个人和集体来说都是美好的一年。我打进了很多球，我在俱乐部和国家队都帮助了球队。我感觉很好，我感到很开心，明年我会再试一次。"

2024 年的欧洲杯，如果他代表葡萄牙参加，那就是他自 2004 年以来第六次参加欧洲杯了。他 2016 年拿过了欧洲杯冠军，2021 年成了欧洲杯史上最佳射手。但他还是想再进一步："我会再试一次。"

大概，这就是克里斯蒂亚诺·罗纳尔多。

马德拉的爱哭鬼。

里斯本的倔强少年。

曼联那不眠不休的 7 号："这些训练量还不够，我需要更多！"

马德里那张扬澎湃的 7 号："我是独一无二的！"

"Siuuuuuuuuuu!"

"我有 5 个欧冠冠军，马竞有几个？"

葡萄牙的 7 号，从 2004 年走到 2024 年。

C 罗忘情庆祝

C 罗目视远方

C 罗传奇

他年少时爱哭又易怒。他自卑又自傲。
他被许多人赞美自律又奋进，又被另一
些人责备自私又偏执。他曾是最华丽的
边锋，是最强壮的终结者，擅长最花哨
的盘带与最简洁的头球。他与梅西的竞
逐是足球史上最漫长的传奇。

欧洲足球史，甚至可以说是整个足球史上最勤奋耐劳、肯跑、富有进取心的进球永动机。

从马德拉到里斯本，从曼彻斯特到马德里，从都灵到利雅得，奔走不停。

他一直在爱恨交加的洪流中奔跑不停，试图争取下一个进球。

哪怕在 38 岁，属于他的时光已经过去，离开了欧洲，慢慢被足球世界忽略了，他还是在进球，以自己的方式奔逐不停。38 岁、92 分钟、单年第 54 个进球，他倔强地表示："我依然在！"

他依然用傲慢与执拗当他的铠甲，相信着属于他自己的未来：2024 年欧洲杯，他将年满 39 岁。那时他会踢出怎样的表现？谁知道呢。

但如果世上还有人不放弃希望地相信奇迹，那就是 C 罗自己。

也许不停创造各种纪录的他，一直就没有变过。

他一直是那个在丰沙尔奔跑不停，执拗地相信世界上有圣诞老人，相信像蜜蜂一样不停飞舞，就能创造出奇迹的马德拉小孩。

尾声

图书在版编目（CIP）数据

C罗传奇 / 张佳玮著 . -- 长沙：湖南文艺出版社，
2024.6
ISBN 978-7-5726-1859-8

Ⅰ . ① C… Ⅱ . ①张… Ⅲ . ①罗纳尔多 (Ronaldo
luis Nazario de Lima) － 传记 Ⅳ . ① K835.525.47

中国国家版本馆 CIP 数据核字（2024）第 096936 号

上架建议：名人传记

C LUO CHUANQI
C 罗传奇

著　　者：张佳玮
出 版 人：陈新文
责任编辑：匡杨乐
监　　制：于向勇
策划编辑：王远哲　王子超
文字编辑：罗　钦　郑　荃
营销编辑：陈可垚　黄璐璐　秋　天　时宇飞
封面设计：MM末末美书 QQ:974364105
版式设计：李　洁
出　　版：湖南文艺出版社
　　　　　（长沙市雨花区东二环一段 508 号　邮编：410014）
网　　址：www.hnwy.net
印　　刷：北京市雅迪彩色印刷有限公司
经　　销：新华书店
开　　本：700 mm × 980 mm　1/16
字　　数：220 千字
印　　张：18.5
版　　次：2024 年 6 月第 1 版
印　　次：2024 年 6 月第 1 次印刷
书　　号：ISBN 978-7-5726-1859-8
定　　价：78.00 元

若有质量问题，请致电质量监督电话：010-59096394
团购电话：010-59320018